W0247652

rowohlts monographien

HERAUSGEGEBEN

VON

KURT KUSENBERG

SERGEJ M. EISENSTEIN

IN
SELBSTZEUGNISSEN
UND
BILDDOKUMENTEN

DARGESTELLT
VON
ECKHARD WEISE

ROWOHLT

Dieser Band wurde eigens für «rowohlts monographien» geschrieben
Filmographie und Bibliographie von Harald Weise
Herausgeber: Kurt Kusenberg · Redaktion: Beate Möhring
Umschlagentwurf: Werner Rebhuhn
Vorderseite: Eisenstein am Montagetisch (Aus: «Ausgewählte Aufsätze».
Berlin 1960)
Rückseite: Plakat für den Film «Panzerkreuzer Potemkin»
(Privatsammlung Weise)

Veröffentlicht im Rowohlt Taschenbuch Verlag GmbH,
Reinbek bei Hamburg, Dezember 1975
© Rowohlt Taschenbuch Verlag GmbH, Reinbek bei Hamburg, 1975
Alle Rechte an dieser Ausgabe vorbehalten
Gesetzt aus der Linotype-Aldus-Buchschrift
und der Palatino (D. Stempel AG)
Gesamtherstellung Clausen & Bosse, Leck/Schleswig
Printed in Germany
680-ISBN 3 499 50233 X

INHALT

Sergej Eisenstein

DER JUNGE AUS RIGA

1898, im Jahr der Gründung der Russischen Sozialdemokratischen Arbeiterpartei, wird Sergej Michailowitsch Eisenstein in Riga geboren. Heftige Klassenkämpfe sind der Hintergrund jener Zeit, in der er aufwächst; Klassenkampf und Revolutionierung der Gesellschaft werden die Leitmotive seiner Künstlerlaufbahn.

Der Vater, Michail Ossipowitsch Eisenstein, stammte aus einer deutsch-jüdischen Familie, die sich durch Taufe in die russische Gesellschaft eingliedern konnte. Er hatte in St. Petersburg studiert, war jetzt Zivilingenieur und Stadtarchitekt in Riga und baute Häuser im Stil der Moderne. Sein Sohn wird ihn später einmal fragen, ob er sich nicht schäme, solche Häuser zu bauen.

Die Mutter, Julia Iwanowa Konezkaja, war die Tochter eines reichen russischen Kaufmanns, der Flößer gewesen war, dann Lastkähne kaufte und damit ein Unternehmen gründete – er heiratete eine Frau, die *vom Schlag einer Wassa Shelesnowa und äußerst religiös*[1]* ist. Julia, *eine Frau mit entschlossenen und unabhängigen Anschauungen*, die, *wie jede Dame von Welt ihre «Donnerstage» hat*[2], kümmert sich um die Erziehung von Sergej und bringt ihn früh dazu, sich mit Sprachen und Literatur zu beschäftigen. Sie träumt davon, ihm einmal eine Bildungsreise in viele Länder zu ermöglichen.

Der Vater findet immer Anlaß, stolz auf seinen Sohn zu sein; in Gesellschaft pflegt er den Schüler Sergej zu sich zu rufen: «‹Serjoscha, komm hierher.› Serjoscha kam: ‹Da bin ich, Papa!› – ‹Serjoscha, sag, wie du lernst; was für ein Schüler bist du in der Klasse?› – ‹Der Erste, Papa.› Der gute Papa blickt feierlich in die Runde: ‹Haben Sie gehört?› – und entließ den ersten Schüler zu seinen Beschäftigungen.»[3]

... ich bin aufgewachsen, ohne die Not kennenzulernen. Mir fehlte es an nichts. Das hatte sein Gutes. Ich lernte fließend Sprachen und bekam in der Jugend eine humanistische Ausbildung.[4] Zwar ohne materielle Not wächst Sergej auf, aber mit sehr viel Zwang. Und so wie die Gesellschaft, in der er aufwächst, in ihrem nahtlosen Übergang von der operettenhaften Aufstiegsideologie zur gewaltsamen Machtsicherungsideologie, zur immer ausgeprägteren Zwangsgesellschaft wird, spiegelt sie sich wider in ihrem guten Repräsentanten und Apologeten Michail Ossipowitsch, der bereitwillig die geforderten Zwänge in die Familie trägt. *Tyrannische Väter waren typisch für das 19. Jahrhundert. Meiner aber wuchs in den Anfang des 20. hinüber!*

Von klein auf eingezwängt in Manschetten und steife Kragen, während es viel richtiger gewesen wäre, die Hosen zu zerreißen und sich mit Tinte vollzuschmieren. Ein vorgezeichneter Weg, pfeilgerade. Schule. Hochschule. Ingenieurstudium. Jahr um Jahr ... Ich wundere mich selbst, wie ich es bei all meiner Sittsamkeit fertigbrachte, von diesem mir bestimmten «Fließband» abzuspringen. Die Tatsache, daß ich mich

---

* Die hochgestellten Ziffern verweisen auf die Anmerkungen S. 129 f.

dem sozialen Protest angeschlossen habe, war weder auf eigene Not aus sozialer Ungerechtigkeit noch auf materielle Entbehrungen oder Wechselfälle im Kampf ums Dasein zurückzuführen, sondern einzig und allein auf das Vorbild aller sozialen Tyrannei, der Tyrannei des Familienvaters, eines Überbleibsels der Tyrannei, die der Stammesälteste in der Urgesellschaft ausübte.[5] Vater Eisenstein ist ein gläubiger Vertreter und Verehrer des offiziellen bürokratischen Rußlands, ein rechtlich denkender Mensch, der sich durch seinen zuverlässigen Dienst Rang und Orden erworben hat.

Der Einfluß des autoritären Vaters auf den Sohn ist so stark, daß dieser zunächst genau wie jener werden will: Ich richtete mich immer nach Papa ... Mein Ideal war Papa ...[6] Später dann stößt er den Haustyrannen vom Thron, und die Aufnahmen von der Abtragung des Denkmals Alexanders III. für die einleitenden Episoden von Oktober erhalten für ihn eine besondere Bedeutung. Berücksichtigt man ... daß die auseinandergenommene und umgestürzte Figur des Zaren als Symbol für den Sturz des Zarismus ... diente, dann wird mir klar, daß dieser Filmbeginn ... für mich persönlich eine Befreiung von Papas Autorität bedeutete.[7]

Die Ehe der Eltern ist zerrüttet. Den Grund dafür vermutet Eisenstein später darin, daß Mama, wie die Amerikaner es nennen, «oversexed», Papa aber «undersexed» war[8]. Die Wirkungen bekommt das Kind früh zu spüren, und es fühlt sich wie das Baby im Knoten einer großen schwarzen Schleife, das es auf einer «Der verbindende Knoten» betitelten Zeichnung sieht, mit einem Frauenprofil im linken und einem Männerprofil im rechten Schleifenflügel. Doch dem Knoten gelingt es nicht, eine zerfallende Familie, die in Scheidung liegenden Eltern aneinander zu binden, sie zusammenzuhalten. 1905 verläßt Julia Iwanowa die Familie und zieht nach St. Petersburg. Sergej bleibt beim Vater in Riga. Für mein Schicksal ... war diese Scheidung von großer Bedeutung. Die Ereignisse wirkten sich so aus, daß schon von klein auf die Familienatmosphäre, die Pflege der Familientraditionen ... aus dem Bereich meiner Vorstellungen und Gefühle verbannt waren ... Dieser Prozeß des Verschwindens war ziemlich qualvoll.[9]

Über den Vater schreibt Eisenstein später, daß er ihn nicht übermäßig liebte. Über die Beziehungen zur Mutter ist in seinen Schriften kaum etwas zu finden (die Korrespondenzen mit seinen Eltern blieben bis heute unveröffentlicht). ... wofür soll man eigentlich den Eltern dankbar sein?! ...[10] Zu den Kindheitserfahrungen, die Eisenstein tief beeindruckt haben und die sich in seinen Filmen widerspiegeln, gehört der Moment, als seine Mutter ihn mit der Behauptung entsetzt, er sei nicht ihr wirkliches Kind: ... als sie das sagte, wurden ihr Gesicht starr und ihre Augen glasig und stier. Dann kam sie langsam auf mich zu. Das sind ja gerade die charakteristischen Elemente: ein starrer, steinerner Ausdruck, eine Maske mit eiskalten Augen, ein Gesicht ohne Leben.[11] Das Bild der unerbittlichen, automatischen, maschinenmäßigen Bewegung sieht er wieder, als er während des Bürgerkriegs bei Smolensk in einem Güterwagen auf den Gleisen wohnt; als das Schrecklichste erfährt er hier das hintere Ende eines Zuges ... der sich im Rückwärtsgang ... auf einen zu schiebt. Eine rote Laterne, das Schlußlicht, schim-

Die Familie: Michail O. Eisenstein, Julia I. Eisenstein-
Konezkaja mit dem kleinen Sergej

mert als einzelnes blindes Auge. Nichts kann ihn aufhalten ... Wie oft glitten ... nächtliche Zugungeheuer bald auf mich zu, bald an mir vorbei ... Sicherlich waren sie es, ihre unerbittliche, blinde, rücksichtslose Bewegung, die in meine Filme hinübergewandert sind — mal als Soldatenstiefel auf der Odessaer Treppe, ein andermal, während der Schlacht auf dem Peipus-See, ihre stumpfen Fratzen in Ritterhelme verwandelnd oder in schwarzen Gewändern auf den Steinplatten der Kathedrale hinter der Kerze hergleitend.[12]

Andere erschreckende Kindheitseindrücke sind für ihn die Lektüre von Mirbeaus «Der Martergarten» und «Venus im Pelz» von Sacher-Masoch. Er schlägt die Bücher auf, *und zwar mehrmals, allerdings mit Unruhe ... sogar ... mit Furcht.* Schließlich meidet er sie wie Glücksspiele: *Ich fürchte, daß ich, hätte ich einmal damit begonnen, nicht mehr aufhören würde ... Mirbeau und Masoch, die mich lockten, mied ich nicht ohne Grund. Eine beunruhigende Saite von Grausamkeit war schon früher in mir zum Erklingen gekommen ... von der Filmleinwand her. In diesem Film überrascht ein Schmied seine Frau beim Ehe-*

bruch mit einem Soldaten und brennt diesem mit glühendem Eisen ein Mal in die Schulter ein. . . . *die Szene, wie das Schandmal eingebrannt wurde, hat sich mir unauslöschlich eingeprägt. In der Kindheit quälte sie mich nachts in Alpträumen. Einmal sah ich mich als den Sergeanten, einmal als den Schmied.* Erst der *Ozean der Grausamkeiten, von denen meine Filme erfüllt sind,* vermag *diese frühen Eindrücke von dem unseligen Film und den zwei Büchern, von denen dieser Ozean zweifellos beeinflußt worden ist,* zu überfluten. Mit den Ereignissen um die Revolution von 1905 gibt es dann ringsum *massenhaft Eindrücke, die viel schrecklicher und grausamer sind: das Wüten der Reaktion und die blutigen Repressalien der Meller-Sakomelski und Konsorten.*[13] Umgesetzt in seine Filme werden diese ersten Eindrücke von Grausamkeit Bilder vom Terror der Unterdrücker innerhalb des Themas der sozialen Ungerechtigkeit und der Auflehnung dagegen – so zum Beispiel die Bilder von Kindern des aufständischen Volkes, die von den massakrierenden Soldaten vom obersten Stockwerk einer Mietskaserne auf die Straße geworfen (*Streik*), auf der Odessaer Treppe zertrampelt (*Panzerkreuzer Potemkin*) oder ins Feuer geschmissen (*Alexander Newski*) werden.

Die Liebe, die Sergej bei seinen Eltern nicht bekommt, findet er ein wenig bei seiner Kinderfrau, die später auch seine Haushälterin wird. Durch sie lernt er viele Märchen und Erzählungen kennen, und durch sie kommt er ins Rigaer Kino, das die Eltern aus Standesdünkel niemals besuchen.

Als ersten Eindruck im Zusammenhang mit dem Film – als ersten bewußten Eindruck überhaupt – erinnert sich Eisenstein an eine Nahaufnahme: *Ein weißer Fliederzweig ragt mitten durch einen schrägen Sonnenstrahl hindurch zum Fenster herein und schaukelt über mir.* Wenig später schläft er viele Jahre vor einem Fliederzweig ein, der mit einer Landschaft im Hintergrund auf einem japanischen Wandschirm teils gemalt, teils gestickt ist. Und diese *typische japanische Nahkomposition* macht ihn empfänglich *für den Reiz der Nahkomposition. – Ich glaube, daß sich diese beiden Zweige zu einem gemeinsamen lebendigen Eindruck zweier Begriffe vereinten: Des Begriffs der «Nahaufnahme» durch das menschliche Auge und des Begriffs der filmischen Komposition in Nahaufnahme, zwei Erkenntnisse, die in ihrem Werden organisch miteinander verbunden waren.*

Als es für die üblichen Ferien in der Rigaer Bucht nach der Revolution noch zu unruhig ist, reist der Vater mit dem Sohn nach Paris. Sergej fährt zum erstenmal in einem Lift und in der Métro, besichtigt Notre-Dame, für die er schwärmt, sieht im Kino «Les 400 Coups du Diable» von Méliès, steht vor Napoleons Grab und dem Napoleon im Wachsfigurenkabinett. (Auch hier beeindruckt ihn vor allem die «Schreckensabteilung» mit Szenen aus der Französischen Revolution und der Pariser Commune.) *Von der Pariser Kommune hat sich mir besonders stark die Szene eingeprägt, wie in den Gefangenenlagern von Versailles Damen den Kommunarden mit Regenschirmen die Augen ausstachen. Diese Regenschirme ließen mich nicht los, bis ich sie «gegen alle Vernunft» in eine Filmszene hineinstopfte, in der während der Julireignisse des Jahres 1917 ein junger Arbeiter verprügelt wird.*[14]

Aus der Schlacht auf dem Peipus-See («Alexander Newski»)

1908, im Jahre des Gesetzes der schrittweisen Einführung der Schulpflicht, kommt Sergej in die erste Klasse der Rigaer Mittelschule. Während seiner ersten Sommerferien an der Rigaer Bucht lernt er Maxim Schtrauch kennen. Der spätere Schauspieler und Mitarbeiter der frühen Filme Eisensteins wird sein Freund fürs Leben. Hier am Strand bauen sie Sandburgen oder spielen Cowboy und Indianer. Doch lieber, als mit anderen Kindern herumzutoben und auf Bäume zu klettern, zeichnet Sergej, liest Bücher oder spielt mit Schtrauch Theater. Nach der Moskauer Premiere von Maeterlincks «Blauer Vogel» spielen die Freunde das Stück gleich selber durch, mit Schtrauch als Regisseur und Eisenstein als Schauspieler; ein andermal inszeniert Eisenstein auf der Veranda des Ferienhauses «Die Kutsche» von Gogol. Von nun an geht er regelmäßig ins Theater und sieht alles, *von «Hänsel und Gretel» bis zum «Götz von Berlichingen» und von «Wallensteins Tod» bis zum «Freischütz».* Und zur Theaterleidenschaft kommt die Begeisterung für den Zirkus. Mit Schtrauch präsentiert er vollständige Programme, wobei sie zu zweit sowohl die Menschen wie auch die wilden Tiere darstellen. *Von frühester Kindheit an liebte ich Clowns und schämte mich deswegen immer ein wenig. Papa liebte ebenfalls den Zirkus, doch galt sein*

Interesse hauptsächlich der Hohen Schule ... Meine Vorliebe für den dummen August ließ ich mir nicht anmerken und tat so, als begeisterten auch mich über alles die Pferde![15]

Als Schtrauch seinen Freund kennenlernt, sieht er ihn zeichnen. «Zeichnen war eine ... wahre Leidenschaft Serjoshas. So konnte er stundenlang und unermüdlich alles zeichnen, was ihm in den Sinn kam: Genreszenen, einzelne Figuren, Gesichter ... Mit unerschöpflicher Erfindungsgabe und treffendem Humor, mit der Sicherheit und Meisterschaft eines professionellen Künstlers warf er seine Zeichnungen aufs Papier ... Es war dies gleichsam ein unbewußtes und unaufhörliches Training der Phantasie, das schon in der Kindheit den Grund zu der Meisterschaft Eisensteins legte.»[16] Seine Begeisterung fürs Zeichnen erwacht, als ein Gast einer der unzähligen Gesellschaftsempfänge im Hause Eisenstein für ihn mit Kreide Tiere auf den Kartentisch zeichnet: ... nicht die gezeichneten Konturen allein sind es. Hier, vor den Augen des begeisterten Zuschauers entsteht die Konturenlinie, und sie bewegt sich. Sie bewegt sich um die unsichtbare Kontur des Gegenstandes, den sie auf das dunkelblaue Tuch zaubert. Die Linie ist die Spur der Bewegung ... Als Künstler wird Eisenstein dann immer wieder zurückdenken an diese überwältigende Empfindung der Linie ... der Linie als dynamische Bewegung, der Linie als Prozeß, der Linie als Weg[17]. In

Mord an Kindern («Streik»)

seinen frühen Filmarbeiten gibt er der *mathematisch reinen Bewegungslinie gegenüber dem «fetten» Strich der hervorgehobenen Einstellung* den Vorzug. *Die Begeisterung für die Einstellung kommt später. Übrigens ist das absolut folgerichtig und naturgemäß; hier sei an Engels erinnert: «Wir sehen zunächst die Bewegung und dann erst das, was sich bewegt.»*[18] Beim Zeichnen gilt sein Interesse mehr dem Sujet als der Suche nach Formen, ganz im Gegensatz zur folgenden künstlerischen Laufbahn – wie Eisenstein später einmal selbstkritisch bemerken wird. *Das, was ich lese oder denke, sehe ich meist sehr plastisch vor mir. Das erklärt sich wahrscheinlich durch mehrere Dinge zugleich: einen enormen Vorrat an visuellen Eindrücken und ein ausgeprägtes optisches Gedächtnis ... Diese plastisch-optischen ... Eindrücke ... schreien förmlich danach, nachgestaltet zu werden.*[19] Mittel dazu bleibt auch später neben der Kamera der Zeichenstift, und «der Beruf des Malers und Zeichners [wird] sein zweiter Beruf»[20]. In der Schule hat Sergej in allen Fächern ständig die beste Zensur, mit einer Ausnahme: im Zeichnen. Als 1932 in einer Zeitungskritik über seine Mexiko-Skizzen geschrieben wird, sie seien gezeichnet, *als wären sie getanzt*[21], erkennt Eisenstein eben hierin den Grund für die Ausnahme im Schulzeugnis: es ist der *uralte Konflikt ... zwischen dem freien Strömen der all'improvviso – aus dem Stegreif – fließenden Linie der Zeichnung ... einerseits und den Begrenzungen und Scheuklappen des Kanons und der strengen Formel andererseits*[22].

Ein gehorsamer, wohlerzogener Junge, der ein Dienerchen macht. Ein typischer Junge aus Riga. Ein Junge aus guter Familie. Das war ich mit zwölf Jahren. Und so blieb ich bis ins Alter hinein ... Wenn ich mich allein, ohne Zeugen ansehe, komme ich mir am ehesten wie ... David Copperfield vor. Zierlich, schmächtig, klein, hilflos. Und sehr schüchtern.[23] Die Schüchternheit wird Eisenstein sein Leben lang nicht mehr los, große Empfänge bleiben ihm unangenehm, und bis zuletzt hat er Schwierigkeiten, vor größerem Publikum zu sprechen. «Er war ein sehr einsames Kind»[24], antwortet Schtrauch in einem Interview auf die Frage, was für ein Kind Eisenstein eigentlich war. Die fehlende Nestwärme, die schlechte Beziehung von Vater und Mutter zueinander und zum Kind lassen schon sehr früh aus Sergej einen überempfindlichen, zurückgezogenen, introvertierten Jungen werden, der die Gefühle, die er im Elternhaus nicht erfährt, in der Welt der Bücher sucht und der die dort fehlende Anerkennung mit schulischen Leistungen kompensiert und mit einem übersteigerten Ehrgeiz, dem schweren Erbe vom Vater. Ehrgeiz wird ein ebenso starker Motor der Künstlerkarriere wie der Donjuanismus als *Ausdruck für die Angst um die eigene Kraft ... warum soll es den Donjuanismus nur in der Liebe geben?*[25] Der Filmregisseur wird es gern hören, wenn ihm immer wieder die *persönliche Eitelkeit ins Ohr flüstert: «du bist der beste»*[26]. Und er wird das *berauschende Gefühl* genießen, als *berühmter Mann aufzuwachen ... und dann die Früchte zu ernten*[27].

In der Schulzeit beginnt Eisenstein damit, einen wahrhaft enzyklopädischen Wissensschatz zu sammeln, «mit zehn Jahren beherrschte er drei fremde Sprachen und las im Original die Werke der Klassiker der

Riga, um 1910

Weltliteratur . . . An Serjoscha überraschte eine stetige, im Grunde un-
kindliche Leidenschaft für das Buch.»[28] Mit Büchern beginnt er zu leben, Tag und Nacht, er liest beim Frühstück, auf Reisen (*Das Stampfen
von Rädern und der Rhythmus der Prosa bilden für mich eine unlös-
liche Verbindung* [29]), oder im Schützengraben.

Als er zehn Jahre alt ist, kauft er sich sein erstes Buch. Es ist eine
Monographie über Honoré Daumier, und wenig später schon besitzt er
alles, was über seinen Lieblingskünstler irgendwo je geschrieben worden ist. *Mir hängen sich Bücher an. Sie fliegen, laufen, gesellen sich mir
zu . . . Ich liebte sie so sehr, daß sie schließlich auch mich liebgewan-
nen.*[30]

Als Sergej mit elf Jahren Dumas liest, möchte er gern die «Geschichte
der Französischen Revolution» von Mignet haben. *Der Junge begnügt
sich schon nicht mehr mit den dichterischen Gestaltungen großer Ereignisse, sondern möchte deren wahre Geschichte erfahren.* Und als diese
Bücher dann unterm Weihnachtsbaum liegen, sind Kinderfahrrad, Eisen-
bahn oder Skier schnell vergessen. Bald darauf findet er in der Bibliothek des Vaters «Das Jahr 1871 und die Pariser Kommune». *Revolutio-
nen, und zwar die französischen, beginnen mich schon in diesem frühen
Knabenalter zu interessieren. Hauptsächlich natürlich wegen ihrer Romantik. Wegen ihrer Farbigkeit, ihrer Eigenart. Gierig verschlinge ich
ein Buch nach dem anderen.* Als nächstes liest er Hugos «Die Elenden»,
und *hier kommen zur Romantik der Barrikadenkämpfe bereits Elemente
der Ideen hinzu, für die auf den Barrikaden gekämpft wurde.* Mit Begeisterung verschlingt er die Dichter der «Erniedrigten und Beleidig-
ten», Zola, Dickens und Dostojevskij – «Die Brüder Karamazov» liest
er, um ein Gesprächsthema für die Begegnung mit der Witwe Dosto-
jevskijs zu haben, doch statt des Gesprächs bekommt er nur ein riesiges
Stück Blaubeerkuchen.

Die Schule ist für Sergej sehr langweilig, *wenig eindrucksvoll, ein
großes Nichts. Und zwar, weil ich ein schrecklicher Musterknabe war,
der furchtbar fleißig lernte und von übermäßig «demokratischen» Be-
kanntschaften ferngehalten wurde . . . In der Schule ist es mir nicht gelungen, auch nur eine einzige richtige Freundschaft zu knüpfen.*[31]

Sergej muß Tanzunterricht nehmen, verliebt sich dabei in zwei un-
erreichbare Zwillingsschwestern aus England, und aus dem Fenster der
Tanzklasse sieht er – 1914 – *den ersten patriotischen Fackelzug mit
Gebrüll, Geschrei und dem Porträt des Zaren.* Wenig später beteiligt
auch er sich mit seiner Schulklasse an solchen Demonstrationen. Als im
Juli der Krieg erklärt wird, macht Sergej gerade mit seiner Mutter Ferien in Staraja Russa. *Der Krieg ließ mich eine märchenhaft schöne Reise
. . . machen. Sonst berührte mich in jenem Jahr der Krieg wenig.*
Im März 1915 verlassen die Beamtenfamilien Riga, und Sergej siedelt
zur Mutter nach Petersburg über – *so trennte ich mich ganz natürlich
und schmerzlos von Papa . . .*[32] Als die ersten Verwundeten von der
Front zurückkehren, geht er oft in die Lazarette und unterhält die Soldaten mit Geschichten und Zeichnungen. Im Mai 1915 beendet Eisenstein die Mittelschule, im Herbst beginnt er am Petersburger Institut
für Ziviltechnik mit dem Bauingenieurstudium. Er legt alle Mathema-

tikprüfungen ab, *auch das Examen in Integral- und Differentialglei-chungen* ... *gerade auf diesem Gebiet bildeten sich mein Hang zum rationellen Denken und meine Vorliebe für mathematische Genauigkeit und Klarheit heraus.* In seiner Freizeit beschäftigt er sich vor allem mit Dingen, die das Theater, den Zirkus und die Theaterdekorationsmalerei betreffen, denn seit er 1912 in Riga Gozzis «Turandot» als Gastspiel des Neslobin-Theaters sah, ist für ihn das Theater *Gegenstand vorherr-schender Aufmerksamkeit und verzehrender Begeisterung.* Anfang des Jahres 1917 sieht Eisenstein am Aleksandrinskij-Theater Lermontovs «Maskerade» in einer Inszenierung von Wsewolod Meyerhold, und nach «Turandot» ist dies *der zweite Blitzschlag, der endgültig traf, der meine unklare Absicht bestärkte, den Beruf des Bauingenieurs aufzu-geben und mich der Kunst zu widmen* [33].

Als Eisenstein im Februar die revolutionären Kämpfe in St. Peters-burg erlebt, verläßt er nicht nur den beruflichen, sondern auch den ideologischen Weg des Vaters; wenige Jahre später wird er Michail Ossi-powitsch als Kämpfer auf der anderen Seite, bei den Weißgardisten, fin-den. Sergej versucht, sich als Bündnispartner an die Seite des revolutio-nären Proletariats zu stellen. Die Erfahrung von Kälte und Dekadenz im starr-bourgeoisen Elternhaus und das Gefühl für soziale Ungerechtig-keit hatten ihn auf diesen Schritt vorbereitet. Doch ist die Revolution für ihn zunächst weniger bedeutend als gesellschaftliche Umwälzung, als Bewegung, die ihn in seiner Rolle als Angehöriger der herrschenden Klasse trifft und politische Entscheidungen verlangt, sondern in erster Linie eine Entscheidung des persönlichen Schicksals – *durch Revolution zur Kunst* [34] – bestimmender Faktor der privaten Laufbahn: *Ich kann nicht wie jeder Arbeiter und Kolchosbauer sagen, nur die Oktoberre-volution habe mir alle Möglichkeiten zum Leben gegeben ... Die Revo-lution hat mir gegeben, was mir das Teuerste ist: sie hat mich zum Künstler gemacht. Ohne die Revolution hätte ich niemals die Tradition durchbrechen können und einen anderen Beruf als den meines Vaters ergreifen können ...* Die Frage Techniker oder Künstler wird für Eisen-stein zum politischen Kriterium und der Beruf zur entscheidenden Per-spektive: *... dem Sozialismus kann man in dem Beruf dienen, der einem besonders am Herzen liegt und in dem man auch am meisten leisten kann.* [35]

Im Februar 1917 wird das Institut *in ein Zentrum zur Wahrung von Ruhe und Ordnung in den Kompanien des Ismailow-Regiments ver-wandelt* [36]. Eisenstein tritt der städtischen Miliz bei und besucht die Fähnrichschule der Pioniertruppen mit der *von Romantik erfüllten ... wonnevoll anstrengenden Zeit der Lagerübungen* [37] und den Semester-prüfungen in Minenwesen, Motoren und Pontonbrückenbau – *die Herr-lichkeit des Pontonbrückenbaus ... dieses sich bald Ein-, bald Aus-schalten aus dem kollektiven Handeln, an dem immer andere, aus ein-zelnen Einheiten sich gestaltende Konfigurationen teilnehmen ... Die erste Schule, in der ich die Kunst des Arrangements lernte, war ... die Fähnrichschule der Pioniertruppen ...* [38]

Um die Zeit, als *Kerenski gegen diejenigen* wütet, *die auf dem Sna-menskaja-Platz gern die Guillotine sehen möchten,* und er selbst die

Guillotine auf den Sockel des Alexander III.-Denkmals in Gedanken aufzustellen versucht – *man möchte doch so gern an der Geschichte teilhaben!* –, macht Eisenstein politisch-satirische Zeichnungen wie *der Kopf Ludwigs XVI. im Heiligenschein über dem Bett Nikolaus' II. Die Unterschrift lautet: «Mit blauem Auge davongekommen»* und bietet sie der Zeitschrift «Satirikon» zur Veröffentlichung an. Mit der Begründung, so könne jeder zeichnen, werden sie dort zurückgewiesen. Eisenstein stellt sich um auf Zeitkritik und geht zur «Petersburger Zeitung». Diese druckt eine Zeichnung mit dem *Thema: ein Menschenknäuel. Milizleute und Hausfrauen. «Was soll das sein? Ein Überfall?» – «Nein: die Miliz schafft Ordnung»*[39] und Eisenstein hat seine ersten 10 Rubel verdient. Er bietet – unter dem Pseudonym «Sir Gay» (= Sergej) – weitere Zeichnungen an, *einen Packen recht giftiger Zeichnungen gegen Kerenski*[40], um sich eine Geschichte des antiken Theaters kaufen zu können.

An einem Tag, als irgendwo in der Stadt geschossen wird, sitzt Eisenstein in der Öffentlichen Bibliothek und beschäftigt sich mit Moreau

Figur aus der Commedia dell'arte. Zeichnung von Eisenstein, 1917

d. J. und den Kupferstechern des 18. Jahrhunderts. Es ist der 25. Oktober 1917.

Anfang 1918 kehrt er zum Bauingenieurstudium zurück und ist jetzt kurz vor der Abschlußprüfung. Doch als im März die Rote Armee gegründet wird, meldet er sich zusammen mit seinen Kommilitonen freiwillig zur Pioniertruppe. Dort beteiligt er sich zunächst an der Errichtung eines Verteidigungsgürtels um Petersburg und wird dann im Bürgerkrieg an vielen Frontabschnitten eingesetzt, zum Bau von Schützengräben, Unterständen und Stützpunkten, als Telefonist, Adjutant und Brückenbautechniker, *ein höchst mittelmäßiger Techniker. Ein allzu romantischer Techniker, der mit seinen Gedanken – unzeitgemäß und unzweckmäßig – im Paris des 15. Jahrhunderts weilt* [41], denn beim Brückenbau über die Desna liest er über die Errichtung des Pont-Neuf und denkt an Dumas' Musketiere. Als ein Brückenbogen einbricht, sitzt er auf einem gefällten Baum und liest Maeterlincks «Prinzessin Maleine»; sie hindert ihn *nicht daran . . . zu befehlen und zu erklären, Hinweise zu erteilen und «zünftig» zu fluchen* [42]. *Die . . . verlassenen deutschen Schützengräben lasse ich sprengen, während ich Ibsen lese. Ich habe es sehr eilig. Ich kenne eine ganze Reihe* seiner *Dramen nicht.* [43] Unter dem Wagen des Transportzuges liegend liest er Schopenhauer, und er studiert intensiv Theaterfragen – so die Theaternotizen von Kleist und damit die ersten Grundlagen der Biomechanik. Er arbeitet an Entwürfen für eine Aufführung von Majakowskis «Mysterium buffo». Die Traumwelt siegt über die Kriegswirklichkeit, die Beschäftigung mit Literatur über die politischen Aufgaben des Alltags, und das Interesse für Kunst siegt endgültig über das für Technik: *. . . wesentlich ist, daß es mich mit unüberwindlicher, gieriger, unersättlicher Leidenschaft zu dem geheimnisvollen Lebenslauf trieb, den man Kunst nennt. Kein Opfer machte mir Angst.* [44]

Im Winter 1919 ist Eisenstein bei Welikije Luki stationiert. Dort trifft sich bei dem Maler Elisejew eine Theatergruppe, diskutiert Theaterfragen und führt Schauspiele auf. Als seine Einheit eine Amateur-Theatergruppe gründen will, geht Eisenstein zu den Treffs der Elisejew-Leute und sieht sich von der Maskenbildnerei bis zu Sprechübungen alles genauestens an, um seine Laien-Gruppe besser anleiten zu können. In einem Gespräch mit Elisejew über Theaterprobleme greift er die zeitgenössische Dramatik wegen ihres Psychologismus an und verteidigt die Commedia dell'arte, deren Einfluß auch in seiner ersten Inszenierung, «Der Doppelgänger» von Awertschenko, deutlich wird. Dieser Sketch wird Februar 1919 im Garnisonsklub von Welikije Luki aufgeführt. In der Kritik der Lokalzeitung heißt es *nicht nur, daß «alle Darsteller . . . maßlos überspielt haben», sondern auch, daß «sie sich alle . . . in Zirkus-Exzentriker verwandelt haben»* [45]! Und gerade darauf ist Eisenstein sehr stolz.

Jedesmal mit großem Erfolg bei den Soldaten führt die Laienspielgruppe weitere Stücke auf, «Der Prozeß» von Gogol, «Die Erstürmung der Bastille» von Rolland, «Georges Dandin» von Molière.

Mit Elisejews Hilfe wechselt Eisenstein Anfang 1920 von der Pioniereinheit zur Theatergruppe der 15. Armee über; im Sommer werden alle

Theatergruppen der politischen Sektion der Westfront zugewiesen. Im August kommt der *Künstler des Wanderensembles für Truppenbetreuung* [46] nach Minsk. Hier bemalt er Waggons für Agitprop-Züge, erstellt eine zusammenklappbare Wanderbühne und bereitet die Aufführung von Gorkis «Nachtasyl» vor. Und hier lernt er einen Professor für Japanologie kennen, der ihn für Ideogramme und das Kabuki-Theater begeistert.

Mit der Demobilisierung steht Eisenstein vor der Entscheidung, sein Ingenieurstudium abzuschließen oder sich einem künstlerischen Beruf zuzuwenden. *Die Hochschule? Ein gesicherter Alltag? Ein wenig schade um die in die Hochschule investierte Kraft ... Aber ich möchte mittlerweile so gern einmal das japanische Theater sehen* [47] — und das Moskauer Theater: ... *um nach Moskau zu kommen, trat ich bei der Generalstabsakademie in die Abteilung für Orientalische Sprachen ein. Zu diesem Zweck bewältigte ich tausend japanische Wörter und Hunderte von bizarren Hieroglyphen. Die Akademie bedeutete ... sich in die ursprüngliche Quelle der Magie der Kunst zu versenken, die für mich unlösbar mit Japan und China verbunden ist.* Im Denken und in der Bilderschrift der orientalischen Sprache findet er die *normale Gesetzmäßigkeit einer gefühlsbetonten inneren Logik* [48], die ihm helfen wird, das Wesen der Montage zu verstehen. Auch das Kabuki-Theater führt ihn direkt zu den Prinzipien der Montage, denn diese ist das *Grundelement der japanischen Darstellungskultur* [49].

Hier in Moskau trifft Eisenstein seinen Freund Schtrauch wieder; er findet bei ihm eine Unterkunft, und beide beschließen, als Künstler zusammenzuarbeiten. Begeistert von der Revolution und den durch die Revolution hervorgebrachten neuen Kunstformen auf dem Theater treten sie im Oktober 1920 dem 1. Proletkult-Theater bei – Schtrauch als Schauspielschüler und Eisenstein als Bühnenbildner. Im November kehrt Sergej Eisenstein der Generalstabsakademie und dem Japanisch-Studium den Rücken.

VOM THEATER ZUM FILM

Als Eisenstein dem Proletkult beitritt ist dieser kurz vor der Revolution gegründete, kleinbürgerliche Kulturverband seinem Ende schon sehr nahe. Ursache des raschen Zerfalls ist vor allem sein idealistisches Erziehungskonzept, die Arbeiterschaft durch Entwicklung der «kollektiven Schöpferkraft» instand zu setzen, neben der wirtschaftlichen und politischen auch die geistige Macht zu erringen. Damit verbunden ist sein Selbstverständnis von Kultur (Proletkult) neben der Politik (Partei) und Ökonomie (Gewerkschaft) als einem unabhängigen Weg zum Sozialismus. Lenin hat diese Bewegung von Anfang an scharf bekämpft. Er stellt der «Drei-Wege-Theorie» das Primat der Politik als Grundprinzip einer richtigen Kulturarbeit gegenüber, das heißt die Bestimmung der sozialistischen Kunst als Widerspiegelung und zugleich Teil der politischen Praxis.

In der Kunstkonzeption des Proletkult nimmt das Theater den ersten Platz ein. Die 1. Proletkult-Konferenz definiert das Theater – die Synthese aus allen anderen Arten der Kunst – als «Organisation menschlichen Handelns», als «wesentliches Mittel für den Aufbau des Lebens nach dem Willen des Proletariats».

Nach seiner Ernennung zum Leiter der Bühnenbildabteilung beim «Ersten Arbeiter-Theater des Proletkult» im Oktober 1920 arbeitet Eisenstein am Bühnenbild zu «Der Mexikaner», einer von Arwatow, dem Theoretiker der Futuristenzeitschrift «LEF», für das Theater bearbeiteten Erzählung von Jack London. In dieser Zeit beobachtete er eines Tages bei Proben im Proletkult-Theater das Gesicht des siebenjährigen Sohnes der Platzanweiserin, in dem sich Mimik und Handlung der Schauspieler gleichzeitig spiegeln. Dieses Phänomen wird für ihn das, was für Newton der Apfel war, über dessen Fallen er *nachsinnt und daraus eine ganze Welt von Schlußfolgerungen und Gesetzen ableitet.* Es ist die Erscheinung, daß *die richtige Wiedergabe eines Ausdrucks die entsprechende Gefühlsbewegung hervorrufen kann,* was wiederum bedeutet, daß der Zuschauer die Aktionen des Schauspielers miterleben kann: *... nicht durch aktive Beteiligung, sondern durch das Spiel echter Gefühle.* Erschrocken über das *fürchterliche, schreckliche Gift,* das sich in der Kunst versteckt und den Zuschauer mit Passivität lähmt, beschließt Eisenstein, diese Kunst zu vernichten. *Zuerst die Kunst beherrschen. Dann zerstören. Die Geheimnisse der Kunst erkennen. Sie entschleiern ... Der Mörder liebäugelt mit dem Opfer ... Und ich prüfe heimlich die Schärfe meines Dolches. Als Dolch dient mir das Skalpell der Analyse.* Doch die Macht der Kunst ist eine gegebene Tatsache. *Und unser junger proletarischer Staat braucht so unendlich viel Einwirkung auf Herz und Verstand, um die unaufschiebbaren Aufgaben erfüllen zu können ... Pauken wir wieder und studieren wir die Methoden der Kunst ... Vom Räderwerk ergriffen, kommen die Kunst und ihr potentieller Mörder vorläufig ... recht gut miteinander aus ... So begann für mich ein «Doppelleben», bei dem sich die schöpferische und die analytische Tätigkeit stets verbanden, indem ich das Werk durch die Analyse kommentierte und meine hypothetische Theorien durch das Werk bewahrheitete.*[50]

Im Laufe der Vorbereitungen zum «Mexikaner» beteiligt sich Eisenstein mehr und mehr an der Inzenierung, mit der ursprünglich allein der Regisseur Smysljaew beauftragt war – und hier liegt der Beginn des Eisensteinschen Tätigkeitsprogramms mit den beiden Grundthesen: erstens *ein maximaler Grad von Leidenschaft als Ausgangspunkt. Und zweitens ein Durchbrechen der gewohnten Dimension als Methode ihrer Verkörperung.*[51]

Im März 1921 wird «Der Mexikaner» aufgeführt. Es geht in diesem Stück um eine mexikanische Untergrundorganisation, die dringend Geld benötigt zum Kauf von Waffen für den geplanten Aufstand gegen die Herrschenden. Einer der Revolutionäre will das Geld durch einen Boxkampf gegen den Champion beschaffen. In einem spannenden Kampf besiegt er durch seinen revolutionären Willen den technisch überlegenen Gegner. Alle negativen Personen dieses Schauspiels treten – beeinflußt von Majakowski und den Futuristen – in kubischen und kugelförmigen Kostümen auf, von allen Personen überhaupt bleibt allein der revolutionäre Held natürlich. Im Mittelpunkt der Aufführung steht als A t t r a k t i o n der Boxkampf: ein wirklicher Kampf in einem im Proszenium aufgebauten Boxring. In der *Betonung der Unmittelbarkeit eines Phänomens ... einem Element des Filmischen ... im Unterschied zu einem «Spiel der Reaktionen auf Phänomene», d. h. im Unterschied zu einem ausgesprochen theatralischen Element* sieht Eisenstein später das Merkmal und Resultat seiner Mitarbeit am «Mexikaner» und damit auch den eigentlichen Beginn seiner Filmperiode.

Theater mit wirklichkeitsnahen Aktionen, *Faktizität der Einwirkungsmittel,* die Zirkusarena und ein Publikum, das gegenüber dem gespielten Pro-Champion-Publikum lauthals den Revolutionär unterstützt, die direkte Beeinflussung des Publikums (mit emotionalen Mitteln), die Berechnung der Theaterwirkung, *die ganze Theorie der Attraktionen – in Ansätzen, jedoch mit genügender Deutlichkeit zeichnete sich dieser Weg schon im «Mexikaner» ab*[52]. In dem von Lenin autorisierten Brief Jakowlews wird die Inszenierung als «typisch bourgeoise Nichtigkeit» verurteilt. «Pletnjow ... sieht einen Grundzug des proletarischen Theaters darin, daß ‹die Masse in ihrem Existenzkampf im Theater gezeigt werden soll›. Der ‹Mexikaner› zeigt statt der Masse einen fähigen Boxer ...»[53] Zum Verhältnis von Partei zur sozialistischen Kultur bzw. zum Proletkult muß bemerkt werden, daß sich abgesehen von Lenins Stellungnahme zum Proletkult die Partei in den ersten Jahren nach der Revolution im Streit um die richtige Linie in der Kunst sehr zurückhält. In einer Erklärung der Partei von 1925 legitimiert diese die ungehinderte Entwicklung der Kunst in der Phase des Aufbaus des Sozialismus und erklärt ihre vorläufige Neutralität gegenüber den rivalisierenden Gruppen. (Der Proletkult gehört mit den Futuristen und Konstruktivisten auf der einen Seite und den sogenannten Mitläufern auf der anderen zu einer Gruppe von zumeist schwankenden Intellektuellen und Künstlern, die gerade in dem Moment, wo es um die Fortsetzung der Revolution im Alltag, um eine genauere Widerspiegelung der revolutionären Wirklichkeit geht, Geduld und Ausdauer verliert.) Als wünschenswert werden in dieser Erklärung genannt: die schöpferische Aneignung der Kunst der aufsteigenden Klasse sowie die Anwendung der Methoden des Realismus in der Kunst und vor allem das Streben nach bestimmten materiellen und gesellschaftlichen Voraussetzungen zur Entwicklung der sozialistischen Kultur.

Nach dem «Mexikaner» bereitet Eisenstein – wieder in Zusammenarbeit mit Smysljaew – die Inszenierung von Pletnjows «Über die Schlucht» vor: geplant sind hierfür in Häuserfassaden eingefügte Personen – als *Verschmelzung von Material und Mensch*, ganz nach kubistischer Manier – und *Großaufnahmen . . . (Aufblitzen von Häuserfronten, Händen, Füßen, Kollonaden, Köpfen und Zylindern) . . . als Mittel für die Wiedergabe der Dynamik einer Stadt*[54]. Nach den ersten Proben wird das Projekt abgebrochen, denn Smysljaew und Eisenstein geraten *in völligen prinzipiellen Widerspruch miteinander . . . das führte zum Bruch und zur getrennten Weiterarbeit.* Dieser Widerspruch wurzelt darin, daß jeder der beiden Regisserue eine der zwei Linien vertritt, die am Moskauer Proletkult-Theater entstehen, als mit Beginn der NEP (Neue Ökonomische Politik) die Proletkult-Leitung zur Zurückdrängung der aufblühenden kleinbürgerlichen Elemente den Schwerpunkt der Arbeit stärker auf die ideologische als auf die künstlerisch-ästhetische Erziehung der Massen legt. Die beiden Linien stellen sich nach Eisenstein aus der Sicht von 1923 dar als *1. Das abbildenderzählende Theater (statisch-milieu-schildernd – der rechte Flügel . . .) 2. Das Agitationstheater der Attraktionen (dynamisch und exzentrisch – der linke Flügel) – die Linie, die ich gemeinsam mit Boris Arwatow als Grundprinzip für die Arbeit der Wandertruppe des Moskauer Proletkult vorgeschlagen habe.* Im Laufe des Jahres 1922 wird die Linie der Agitations- und Produktionskunst von Arwatow als Programm formuliert[55] und setzt sich am Moskauer Proletkult-Theater immer mehr durch. Eisenstein hat sich in dieser Zeit von der Proletkult-Arbeit zurückgezogen; bei seinem Neubeginn dort knüpft er dann wieder an diese Richtung an und entwickelt sie weiter.

Als Meyerhold im September 1921 in Moskau das Staatliche Regie-Institut GVYRM gründet, bewirbt sich Eisenstein, seit der «Maskerade» von Meyerhold begeistert, sogleich um einen Studienplatz. Er besteht die Aufnahmeprüfung und studiert nun – zusammen mit dem späteren Regisseur Sergej I. Jutkewitsch – Regie und die sogenannte Biomechanik. Für Meyerhold ist die Regie ein wissenschaftlicher Prozeß, der aus genau bestimmbaren Regeln besteht. Jedes Moment einer Aufführung, jede Reaktion des Zuschauers und jede Bewegung von Bühnenbild über Beleuchtung zum Schauspieler soll genau berechnet werden, um die bestmögliche Plastizität, Komposition und Dynamik der Aufführung zu erreichen. Diesem Hauptziel dient auch die «Biomechanik», wie Meyerhold das System zur Schulung des Schauspielers in exakter, rhythmischer, ausdrucksstarker Bewegung nennt. Der Schauspieler wird dabei als eine Art Roboter gesehen, der Erleben als Reiz-Reflex-Funktion auszudrücken hat.

Meyerhold ist sehr bald beeindruckt von den Fähigkeiten seines Schülers Eisenstein und überträgt ihm das Bühnenbild zu den Inszenierungen von «Der gestiefelte Kater» und «Haus Herzenstod». Für beide

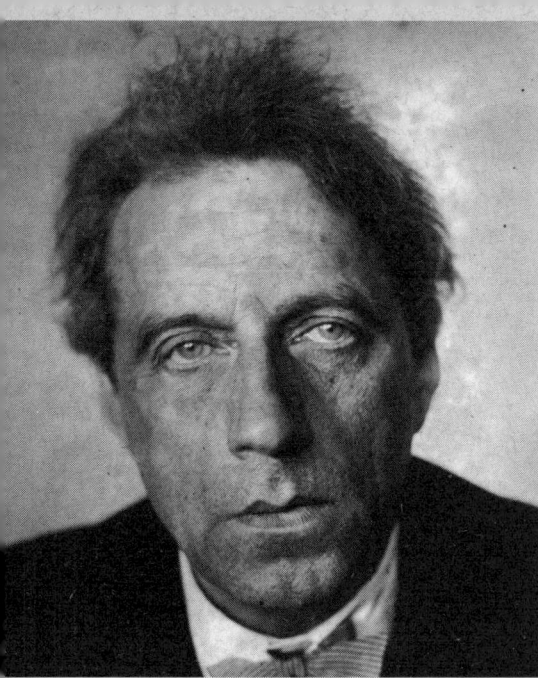

Wsewolod E. Meyerhold

Bühnenbild zum «Gestiefelten Kater». Von Eisenstein, 1921

«Дом, где разбивают
сердца». Чернова шоу.
Конструкция
площадки для
всех 3 актов.
М

Bühnenbild zu «Haus Herzenstod». Von Eisenstein, 1922

Aufführungen läßt Eisenstein die Kulissen offen, so daß der Schauspieler selbst nach seinem eigentlichen Auftritt für den Zuschauer präsent bleibt.

Mehr noch als der Lehrer den Schüler bewundert der Schüler den Lehrer. *Ich muß zugeben, daß ich niemals jemanden so geliebt, verehrt und vergöttert habe wie meinen Lehrer.* Meyerhold, ein «typischer Bohème-Mensch des ästhetischen Theaters»[56], kann verzaubern, aber nicht erklären. Als sich Eisenstein *einmal an ihn mit einer Reihe Fragen über verborgene Schwierigkeiten* wendet, ist die Antwort *Geheimnis über Geheimnis. Ein Schleier hinter dem anderen . . . Das romantische «Ich» ist verzaubert, vertieft und lauscht. Das rationale «Ich» knurrt dumpf.*[57] Eisenstein vermutet später, daß von diesen Erfahrungen her seine Neigung einerseits zum Wühlen und Entdecken, andererseits zum Veröffentlichen des Entdeckten kommt: *Selber sich hineinwühlen in jede Ritze des Problems . . . Hilfe ist von nirgends zu erwarten. Das Entdeckte aber soll nicht verheimlicht bleiben: ans Licht der Sonne damit – in Vorträge, in die Presse, in Artikel, in Bücher.* Als Meyerhold dann wieder inszeniert, wird dem Schüler doch noch alles klar. *. . . was uns im Laufe von zwei Semestern sorgsam und mutwillig verheimlicht wird, enthüllen triumphierend drei Probetage . . . Bei der Arbeit ist es unmöglich, etwas für sich zu behalten.*[58] Meyerhold probt «Nora», und *das war die beste Schule*[59].

Vieles von dem, was Eisenstein bei Meyerhold lernt, geht später in seine Filmarbeit ein – von biochemischen Prinzipien am Anfang bis zu dem von Meyerhold aufgenommenen Wagnerschen Gedanken vom Gesamtkunstwerk in den späteren Filmen. Die Theaterkünstler Eisenstein und Meyerhold eint vieles: ihre zeitweise «Maschinenstürmerei» (d. h. die Bekämpfung der Kunst der Vergangenheit insgesamt), ihre besondere Feindschaft gegenüber Naturalismus und Psychologismus, ihre den Futuristen eigene Vorliebe für Pantomime und Akrobatik des Zirkus, ihre Vorliebe für den konstruktivistischen Bühnenaufbau nach Vorbild der technischen Welt und für kubistische Dekorationen und Kostüme sowie die Vorstellung von der gesellschaftlichen Relevanz des Theaters, von seiner Rolle als Agitationsmittel im revolutionären Kampf (wobei sie aber immer das formvollendete, «hohe Kunstwerk» gegenüber dem einfachen Agitprop-Theater meinen). Und beide trennt letztlich das Theater: Meyerhold will es mit Elementen des Films gegenüber der wachsenden Stärke des Films retten, Eisenstein wird das, wie er glaubt, sinkende Schiff, verlassen und versucht, den Film mit Mitteln des Theaters noch stärker zu machen.

Neben dem Studium bei Meyerhold arbeiten Eisenstein und Jutkewitsch ab Ende 1921 auch als Bühnenbildner im Foregger-Studio. Der Theaterregisseur Foregger und der Schriftsteller Mass hatten die alte Commedia dell'arte zum aktuellen Maskentheater entwickelt, mit Typen aus dem täglichen Leben – von der Marktfrau bis zum Bürokraten. Für solche Maskenstücke stellt Eisenstein die Dekorationen her. Auch für «Macbeth» entwerfen Eisenstein und Jutkewitsch Dekoration und Kostüme. Diese Aufführung ist ziemlich erfolglos, und weil eine Aufführung bei falscher Inszenierung selbst durch eine gute Ausstattung nicht zu retten ist, entschließt sich Eisenstein, die Ausstattung nicht mehr getrennt von der Regie zu machen. «Er träumt schon von seinem eigenen Theater. Die Lehrzeit für ihn war zu Ende.»⁶⁰ Jutkewitsch und Eisenstein beschließen, eine Aufführung von Anfang bis Ende zu entwerfen; all ihre Vorstellungen von Theater sollen darin verwirklicht werden. Zu diesem Zweck bearbeiten sie die Pantomime «Die Schärpe der Colombine». Sie modernisieren das Stück – Pierrot und Harlekin mit deutlichem Klassencharakter im Paris der Gegenwart –, und sie legen, wie sie es bei Meyerhold gelernt haben, jedes Detail, jede Bewegung genau fest. Als Besonderheiten sind Can-Can und Jazz-Einlagen sowie eine Seiltanznummer eingeplant. Sie nennen ihr Stück «Das Strumpfband der Colombine» und «auf der ersten Seite stand die Widmung: ‹Wsewolod Meyerhold, dem Meister der Schärpe – die Untermeister des Strumpfbandes . . . Erfindung von Bühnenattraktionen von S. Eisenstein und S. Jutkewitsch›»⁶¹. Nach Berichten Jutkewitschs ist der Begriff «Attraktion» wie auch der Plan zu einem Theater der Exzentrik in der Achterbahn entstanden. Für die «Amerikanischen Berge» kauften die beiden Freunde gewöhnlich Karten für zehn Fahrten hintereinander, «unentwegt tummelten wir uns auf ihnen, empfanden das jungenhafte Vergnügen des atemberaubenden Fallens und Steigens . . . träumten laut von dem Theater, das wir schaffen wollten»⁶², und dabei kommt Eisenstein der Gedanke, das Theater physisch so aufrüttelnd wie die Jahrmarktsattraktionen zu gestalten.

In dieser Zeit geht Eisenstein auch häufig ins Kino. Hier werden Wertows erste Filmchroniken gezeigt, und seit Ende des Bürgerkriegs sind auch wieder ausländische Filme zu sehen. In dem 1922 zusammen mit Jutkewitsch verfaßten Artikel «Die 8. Kunst»⁶³ betont Eisenstein die Bedeutung der neuen Kunst, die vor allem durch Chaplin vorangetrieben werde, und befürwortet im Gegensatz zur *naturalistischen Tendenz der westlichen Filmkunst* (besonders Griffith und der schwedische Film) die *neue exzentrische Filmkunst* wie «Das Kabinett des Dr. Caligari» und die amerikanischen Komödien, Detektiv- und Abenteuerfilme mit Rio Jim, Mary Pickford, Douglas Fairbanks und *an der Spitze – der unvergleichliche Charly Chaplin!*⁶⁴

Foregger lehnt es ab, «Das Strumpfband der Colombine» aufzuführen; Eisenstein verläßt enttäuscht das Studio. Als Assistent von Meyerhold arbeitet er mit an der Inszenierung von Suchowo-Kobylins «Harlekins Tod», und als Smysljaew aus dem Proletkult-Theater ausscheidet, kehrt Eisenstein dorthin zurück und wird «einziger Regisseur des Ersten Moskauer Arbeitertheaters». In der Theatersaison 1922/23 inszeniert er «Der Gescheiteste», die von dem «LEF»-Schriftsteller Sergej Tretjakow und ihm selbst in eine aktuelle Politrevue umgearbeitete Ostrovskij-Komödie «Eine Dummheit macht auch der Gescheiteste». Bis auf die Namen der auftretenden Personen und die Grundzüge des Handlungsablaufs haben «Der Gescheiteste» und das Ostrovskij-Stück wenig gemein. Aus Ostrovskijs Kritik an den rückständigen Feudalherren in der Phase der Entfaltung des Kapitalismus wird bei Eisenstein der Versuch einer Abrechnung mit der internationalen Vereinigung der Konterrevolution. Die Aufführung ist nicht nach den Gesetzen des

Eisenstein vor einem Plakat zur Aufführung von Ostrovskijs Stück «Eine Dummheit macht auch der Gescheiteste», 1923

Theaters, sondern nach denen von Zirkus und Varieté gestaltet: Programmnummern und Attraktionen ersetzen Szenen und Auftritte, die Bühne ist ein Manegenteppich, die Hauptfigur Glumow (gespielt von Schtrauch) und sein Gegenspieler Mamajew (gespielt von Eisensteins späterem Regieassistenten Alexandrow) sind Pierrots, *Mutter Glumow – ein August. Sämtliche Diener – Auguste.*[65] Glumows Tagebuch, das Lügen und Intrigen aufdeckt (der innere Monolog bei Ostrovskij) wird – und das ist eine Hauptattraktion – als Film zwischengeblendet. In diesem kurzen Film (120 m) verwandelt sich der Opportunist Glumow *durch Überblendung … mit einem Purzelbaum in diesen oder jenen Gegenstand, der von der entsprechenden Handlungsperson gerade gewünscht wurde*[66]. Der Film ist als Parodie auf die ersten Filmchroniken und amerikanischen Slapsticks gedacht. In der letzten Szene klettert Alexandrow mit schwarzer Maske über die Dächer einer Villa, schwingt sich vom Flugzeug in ein Auto, das zum Proletkult-Theater fährt, und springt in dem Moment, als auf der Leinwand das Licht verlöscht, mit einem Schrei in den Zuschauerraum, in der Hand eine Filmrolle schwenkend. Am Schluß der Aufführung des «Gescheitesten» erscheint Eisenstein – aber nicht auf der Bühne, sondern *auf der Lein-*

*wand, wo ich mich als seltsamer Pathé-Hahn mit meiner damaligen,
dem «Metro-Goldwyn-Mayer»-Löwen würdigen, Künstlermähne ver-
neigte*[67].

«Der Gescheiteste» ist Eisensteins erste eigene Regiearbeit und enthält seinen ersten Film; auch seine erste theoretische Arbeit steht im
Zusammenhang mit der Aufführung. In seinem in der Zeitschrift
«LEF» veröffentlichten Aufsatz *Die Montage der Attraktionen*[68] beschreibt er die in der «Gescheitesten»-Inszenierung erprobten und wei-
terentwickelten Prinzipien und Methoden des Agitationstheaters der Attraktionen. Das gesamte Theatergeschehen ist auf Reizerreger und Reiz-
empfänger reduziert; Handlungen, Schauspieler, Gegenstände, Dekorationen und Geräusche werden zu Wirkfaktoren, die im Rahmen von
Attraktionen und durch die Art der Zusammenstellung dieser Attraktionen – die Montage – in einer bestimmten Richtung Einfluß auf den
Zuschauer nehmen sollen. Der Zuschauer ist das *Hauptmaterial des
Theaters*, seine *Formung ... in einer gewünschten Richtung (Gestimmt-
heit) – die Aufgabe jedes utilitären Theaters (Agitation, Reklame, Ge-
sundheitsaufklärung usw.).* An die Stelle von Illusionstheater, von *«il-
lusionistischer Abbildhaftigkeit» und «Anschaulichkeit»*[69] tritt das
Theater der nützlichen Wirkungen. (Eisenstein rückblickend, 1945:
Hätte ich damals mehr von Pawlow gewußt, so hätte ich sie (die «Montage der Attraktionen») *als «Theorie der ästhetischen Reizerreger» bezeichnet.*[70] Im «Gescheitesten» dienen die Attraktionen der Verspot-
tung und Entlarvung von Erscheinungsformen der Konterrevolution,
von bürgerlichen Sitten und Bräuchen, Religion und bürgerlicher Kunst
– und sie sind aufgebaut «in erster Linie auf akrobatischen Kunststük-
ken und Kunstgriffen und auf der Parodierung der kanonisierten Kon-
struktionen von Theater, Zirkus und Musik»[71], auch auf Elementen des
französischen Gruseltheaters «Grand Guignol» und der Commedia
dell'arte.

Der Schauspieler agiert als Akrobat (Schtrauch: «Von früh bis spät
trainierten wir die verschiedenen Zirkusdisziplinen ...»[72]), der Schein
des Künstlers wird zur Wirklichkeit des Könners. Die Uraufführung
von «Der Gescheiteste» findet im Mai 1923 statt. Die Reaktion bei Kritik und Publikum ist sehr unterschiedlich. Viele Attraktionen bleiben
unverstanden, und häufig beklatschen und bewundern die Zuschauer
die akrobatischen Leistungen, die jedesmal Charakterzüge der Feinde
zum Ausdruck bringen sollen.

Einige Kritiker bejubeln die Inszenierung als großartige Theaterneue-
rung, andere empfinden Eisensteins Umgang mit dem kulturellen Erbe
als skandalös, und viele erkennen die Unsinnigkeit, ausschließlich mit
Mitteln der Emotion Denkprozesse und Bewußtseinsvorgänge schaffen
zu wollen. Die reine Lust am Zerstören aller bisherigen bürgerlichen
Kunstformen und die Lust am Experimentieren, die im Proletkult unter
dem Deckmantel der «proletarischen Kunst» befriedigt werden, treten
im «Gescheitesten» ganz offen zutage. Die beabsichtigte Entlarvung
der Konterrevolution geht so sehr unter in der bloßen Formspielerei,
daß auch Eisensteins Mitarbeiter Tretjakow rät, «den ‹Gescheitesten›
als einen Versuch zu einer Montage der Attraktionen einzuschätzen,

Sergej M. Tretjakow

der nur als formales Experiment Bedeutung hat»[73]. Meyerhold erinnert sich 1939: «Eisenstein wollte gar nicht Ostrovskij inszenieren, er erarbeitete sich einfach die eigene Gangart als Regisseur; schlecht ist nur, daß er das öffentlich machte.»[74]

Im Herbst 1922 war Eisenstein ans Proletkult-Theater zurückgekehrt, Anfang 1923 steht er an seiner Spitze und leitet auch die Ausbildung der Schauspieler. Auf dem Stundenplan seiner Schüler stehen Sport, kollektive Spiele, Biomechanik, allgemeine Geschichte und Geschichte der Arbeiterbewegung. Seit der Entscheidung für die Kunst hatte er sich *gierig daran* gemacht, *immer tiefer in die Urgründe des Schöpfertums und der Kunst* einzudringen und die der wissenschaftlichen Erforschung hinderliche Mystik zu bekämpfen. *Langsam taste ich mich auf diesem geheimnisvollen Gebiet an die gemeinsame Dialektik heran, die jeder Erscheinung und jedem Prozeß zugrunde liegt ... Zu meinem nicht geringen Erstaunen machen mich meine Schüler plötzlich darauf aufmerksam, daß ich in der Kunstbetrachtung nach den gleichen Methoden verfahre, mit der im Zimmer nebenan der politische Schulungsleiter seinen Hörern gesellschaftlich-soziale Fragen erläutert. Dieser äußere Anstoß reichte aus, zu bewirken, daß fortan nicht mehr die Ästhetiker, sondern die Dialektiker des Materialismus an meinem Arbeitstisch Wache hielten.*[75]

Zum 6. Jahrestag der Oktoberrevolution wird am Moskauer Proletkult-Theater Tretjakows «Hörst Du, Moskau?!» in der Inszenierung von Eisenstein uraufgeführt. In seinem «Agit-Guignol in 4 Akten» behandelt Tretjakow die revolutionären Ereignisse in Deutschland dieses Jahres (vom Generalstreik gegen Reichskanzler Cuno bis zum Hamburger Aufstand) im besonderen und den proletarischen Internationalismus im allgemeinen. Seine agitatorische Absicht ist es, bei den Zuschauern die Bereitschaft zu wecken, den deutschen Genossen zu Hilfe zu eilen. «Das Stück endet mit dem Ruf, den ein deutscher Kommunist an die Zuschauer richtet: ‹Moskau! Hörst du, Moskau?!› und der Saal antwortet bei den Aufführungen: ‹Wir hören euch!›»[76] Tretjakow war seit dem «Gescheitesten» Eisensteins Mitstreiter für das Attraktionstheater: es «war das gleiche wie auch im ‹Gescheitesten› – nicht Erleben auf der Bühne, nicht psychologische oder historische Wahrheitstreue, sondern Wirksamkeit im Sinne einer Akkumulation der Emotionen von Klassenhaß und Klassenmitgefühl»[77]. Im Unterschied zum «Gescheitesten» sind die Attraktionen diesmal schärfer – «der Regisseur benutzte ... als Wirkungsmittel ... Verfahren naturalistischen Charakters (Blut, Zähneklappern, Gewehrschüsse)» –, aber auch sparsamer gebraucht, und ihre Wirkungen sind noch genauer berechnet. Doch wie Tretjakow nach der Uraufführung feststellt, stimmten die Reaktionen beim Publikum nur zu 70 Prozent mit den erwarteten Reaktionen überein – nicht zu 100 Prozent deshalb, weil erstens die Aufführung zu einer Zeit stattfindet, als die Ereignisse in Deutschland schon an Aktualität verloren haben, und zweitens die Zuschauer klassenmäßig allzu uneinheitlich zusammengesetzt waren.[78]

Gerade die Erfahrung, daß ein Theater der Attraktionen nur im Hinblick auf ein klassenmäßig einheitliches Publikum aufgebaut werden kann, führt im März 1924 zur Aufführung von Eisensteins vorläufig letzter Theaterinszenierung, Tretjakows Meldodram «Gasmasken», vor Arbeitern in einem Moskauer Gaswerk. In diesem Stück werden Auseinandersetzungen zwischen den Arbeitern und dem NEP-Direktor eines Gaswerks und der Sieg der Arbeiter in diesen Auseinandersetzungen dargestellt – ein Beispiel dafür, was die notwendige Fortsetzung des Klassenkampfs und die tatsächliche Verfügungsgewalt der Arbeiter über die Produktionsmittel bedeutet. In der Aufführung unterscheiden sich die Schauspieler äußerlich nicht mehr von den Zuschauern. Das Theater als Institution und die Trennung von Zuschauer und Darsteller sollen aufgehoben werden, doch bei allem Realismus von Thema, Handlung, Dekoration usw. bleibt der Gegensatz von Fiktion und Realität bestehen. «... schon nach der ersten Vorstellung stellte es sich heraus, daß wir sie bei der Arbeit störten ... Man ertrug uns vier Vorstellungen hindurch und wies uns dann liebenswürdig die Tür.»[79] *Die Wirklichkeit nahm alles in ihre Hände ... und mußte so notgedrungen den Rahmen einer Kunst verlassen, die ihr keine unumschränkte Alleinherrschaft zubilligte. Diese Tendenz brachte uns auf den Weg zum Film.*[80]

Und was wird aus Eisensteins Plan, die Kunst zu ermorden? *Das Opfer war schlauer als sein potentieller Mörder ... Es bezauberte ihn, umgarnte ihn, nahm ihn gefangen, und dann verschlang es ihn für lange Zeit.*[81]

Literaturverfilmungen und einige Techniken des Dokumentarfilms sind das einzige Erbe, das der Film vor der Revolution dem Film nach der Revolution hinterläßt. In den ersten Jahren nach der Februar-Revolution werden bis auf wenige Ausnahmen nur Wochenschauen produziert, zunächst für das Kerenski-Regime, ab Oktober – anfangs sehr unorganisiert – für die Bolschewiki und auch noch für Monarchisten. 1919 wird mit Lenins Dekret über die Nationalisierung der Filmindustrie und ihre Eingliederung in das Volkskommissariat für Bildungswesen die Grundlage zum Aufbau der sowjetischen Filmproduktion gelegt. In einem Gespräch mit dem Volkskommissar Lunatscharski sagt Lenin, «für uns [ist] von allen Künsten das Kino die wichtigste»[82]. In eben dieser Betonung der Bedeutung des Films liegt der Unterschied im Verhältnis der Partei zur Filmkunst einerseits und zu den anderen Künsten andererseits. Daher wird auch die Filmproduktion früher als zum Beispiel die Literaturproduktion dem Volkskommissariat angeschlossen.

Der Schwerpunkt im Aufbau des sowjetischen Films liegt auf der Wochenschau. Im Bürgerkrieg werden Film-Agitationsbrigaden organisiert und Propagandazüge mit Einrichtungen für die Filmagitation bereisen das Land. Als mit der NEP ein Teil der Filmindustrie reprivatisiert wird, überschwemmen die Verleiher das Land mit ausländischen Produktionen. Die Ideologie dieser Filme bleibt nicht ohne Einfluß auf inländische Produzenten, auf das Publikum und einen Teil der jungen Regisseure. Um der zunehmenden kleinbürgerlichen Tendenz im sowjetischen Film dieser Phase entgegenzuwirken, beschließt der XIII. Parteitag 1924 die organisatorische Zusammenfassung der miteinander konkurrierenden Produktionsfirmen in dem Staatsunternehmen Sowkino sowie die Verstärkung der ideologischen Anleitung der Filmproduktion durch das Volkskommissariat. Stalin in einem Bericht an den Parteitag: «Der Film ist ein Massenagitationsmittel von größter Bedeutung. Unsere Aufgabe ist es, diese Sache in die Hand zu nehmen.»[83]

Ist der Film auch von Anfang an fester als die anderen Kunstarten dem Primat der Politik verpflichtet, bleibt er doch wie sie bis zur allgemeinen Durchsetzung des sozialistischen Realismus in dem Maße unabhängig, wie er noch offen ist für ideologische Strömungen aller Art. Dieser Zeitabschnitt, von der Oktoberrevolution bis zum Beginn der dreißiger Jahre, die letzte Phase des Stummfilms, fällt zusammen mit der ersten Entwicklungsperiode des Sowjetstaates (Revolution, Bürgerkrieg, Wiederaufbau und Industrialisierung des Landes) und ist in allen Kunstbereichen gekennzeichnet von der theoretischen und praktischen Auseinandersetzung mit der Frage der Einheit von Politik und Kunst, der Einheit von Form und Inhalt, der Frage des Primats des Inhalts oder der Form, der Politik oder eines allgemeinen Kunstmotivs.

Die wenigen Regisseure aus der Zarenzeit, die nicht emigriert sind, drehen jetzt Filme mit neuen Inhalten im traditionellen Stil. Die Filmneulinge kommen aus allen Schichten des Volkes und den unterschiedlichsten Berufen. Sie sammeln sich in «Schulen», die neben der und gegen die Gruppe der «Traditionalisten» gebildet werden; solche

«Schulen» sind die «Dokumentaristen» mit Wertow an der Spitze, das «Experimentierlaboratium» von Kuleschow und die «FEKS» («Fabrik des exzentrischen Schauspielers»).

Als Eisenstein mit der Filmarbeit beginnt, verbindet ihn mit der «FEKS», den «Dokumentaristen» und dem «Experimentierlaboratorium» die gemeinsame Zugehörigkeit zur «LEF»-Avantgarde, was gleichbedeutend ist mit Feindschaft gegenüber der Tradition, mit der Überzeugung, das «Neue» ließe sich nicht mehr mit den alten Formen der Kunst ausdrücken, sowie mit der Vorstellung von der Kunst als einem Produktionszweig, der das neue Leben konstruiert und organisiert. Und sie alle können sich auf einen gemeinsamen Lehrer berufen, auf den Futuristen Majakowski, der schon 1913 in einem Aufsatz von der Kinematographie als der Kunst spricht, die endlich die gefesselte Dynamik der Schauspielkunst befreien und die wirklichen Bewegungen wiedergeben wird.[84]

Wie Eisenstein 1934 in seinem Rückblick auf die ersten Jahre des sowjetischen Films − *Das Mittlere von Dreien* − schreibt, schließen sich die Filmneulinge *bei aller Vielfalt individueller Stilhaltungen ... in einer Art eiserner Front zusammen*, denn ihnen allen gemeinsam ist *das Pathos der Revolution ... das Pathos des revolutionär Neuen* sowie der *Haß auf die von der Bourgeoisie geschaffenen Einrichtungen*. Und in dieser «eisernen Front» schaffen sie eine sowjetische Filmkunst, *die − ebenso wie einst Skandinavien, Italien, Amerika oder Deutschland − in einer bestimmten Etappe die Führungsrolle in der Weltfilmkunst* [85] übernimmt. Nach der Periode von 1919 bis 1923, in der die ökonomischen und politischen Voraussetzungen für den Aufbau der sowjetischen Filmproduktion geschaffen werden, beginnt für Eisenstein ab 1924 die eigentliche Periode der Entwicklung der sowjetischen Filmkunst, das heißt des revolutionären Spielfilms im weitesten Sinne des Wortes. Diese Phase, die ungefähr bis 1928 reicht und die *man vielleicht als «Periode einer Montagehegemonie» bezeichnen kann*, ist gekennzeichnet von der *brennenden Leidenschaft für Experiment, Studium und Erforschung der Montage- und Einstellungsgebiete* und *der vollständigen Beherrschung von filmischer Schreibweise, Einstellungstechnik und Montagetheorie*. Mit dem Bewußtwerden *einer tiefgreifenden Wechselbeziehung zur Literatur, zu literarischen Traditionen und literarischen Methodologien* wirft der Film *die Probleme seiner eigenen Poetik auf*, und es bildet sich *der Begriff der Filmsprache ... als ein völlig gesetzmäßiges Ausdrucksgebilde kinematographischer Denkweise heraus ...*[86]

Nach einer Reihe von Filmexperimenten, Experimenten vor allem mit den Möglichkeiten der Form («vom ideologischen Standpunkt betrachtet ‹hinkten› die Filme, das kam daher, daß die Regisseure selbst nicht fest auf den Beinen standen»[87]), entstehen mit zunehmender Konzentration auf den Inhalt des Films und der damit verbundenen Herausbildung der Elemente eines sozialistischen Realismus die ersten Meisterwerke. Auf Kosinzews und Traubergs «Abenteuer eines Oktoberkindes» folgt «Das neue Babylon», auf Pudowkins «Schachfieber» folgt «Mutter», auf Eisensteins *Streik Panzerkreuzer Potemkin.* − «Mag sein, daß es im *Streik* gewisse Maßlosigkeiten gibt, doch war dieses Experimentieren nötig, denn eben auf dieser Basis entstand der *Panzerkreuzer Potemkin*, in dem sich Eisensteins Talent mit aller Macht entfaltete.»[88]

Anfang 1924 beschließen Goskino und der Proletkult die gemeinsame Herstellung eines Filmzyklus über die illegale Parteiarbeit in Rußland vor der Revolution. Titel des Projekts: «Über die Diktatur». Geplant sind sieben Teile, die jeweils ein besonderes Thema behandeln sollen – wie zum Beispiel Streiks, Agitation, Demonstrationen. Eisenstein erhält den Auftrag, die Regie zu führen. Er studiert sehr intensiv das historische Material und fertigt erste Entwürfe an: Im Juni beginnt er im Kollektiv, dem unter anderen Pletnjow und Alexandrow angehören, die Arbeit am Drehbuch zu *Streik*.

Streik ist der 5. Teil dieser Serie. Mit dem 5. Teil wurde begonnen, weil er am dynamischsten und am meisten auf Massen bezogen ist.[89] Grundlage des Szenariums sind die realen Ereignisse um einen Streik aus dem Jahre 1902, politökonomische Studien der Autorengruppe und deren Erfahrungen, die sie bei Fabrikbesuchen, in Diskussionen dort mit Arbeitern und alten Revolutionären sammelt.

Nach Abschluß des Drehbuchs im Spätsommer beginnen in den Arbeitervierteln und Vororten Moskaus die Filmarbeiten. Darsteller sind die Truppe des «Ersten Arbeitertheaters» (unter ihnen Alexandrow und Schtrauch) und sehr viele Laien. Kameramann ist Eduard Tisse: er arbeitet seit 1914 beim Film, hat Filmreportagen an der Front und im Bürgerkrieg gemacht und zuletzt einige Dokumentar- und Spielfilme für Goskino gefilmt; er wird der Kameramann aller Eisenstein-Filme.

Beim Abschluß der Dreharbeiten im Oktober sind über 8000 m Film aufgenommen. Die Montage dauert noch einmal zwei Monate – Fachkenntnisse hierfür hatte Eisenstein kurz zuvor erworben, als er der Goskino-Cutterin und späteren Dokumentarfilmerin Esfira Schub beim Umschnitt von Langs «Dr. Mabuse» half. Der fertige Film hat eine Länge von 1969 m und besteht aus sechs Teilen. Am 18. April 1925 wird *Streik* in Moskau uraufgeführt.

Streik: Arbeiter einer Fabrik bereiten den Streik vor. Der Direktor setzt eine Schar von Spitzeln zur Überwachung ein. Als sich ein zu Unrecht des Diebstahls beschuldigter Arbeiter erhängt, ist der Anlaß zum Streik gegeben. Forderungen der Arbeiter wie der Acht-Stunden-Tag und höhere Löhne werden von der Fabrikverwaltung abgelehnt. Hunger zieht in die Arbeiterviertel ein, aber der Streik wird fortgesetzt. Mit allen Mitteln versucht die Polizei, die Streikenden zu provozieren. Als sich zeigt, daß die Streikfront immer fester wird, setzen die Ortsbehörden Kosaken ein, die in den Mietskasernen der Arbeiter ein großes Blutbad anrichten. – Dem Film vorangestellt ist ein Lenin-Zitat aus dem Jahre 1907: «Die Kraft der Arbeiterklasse ist die Organisation. Ohne Organisation der Massen ist das Proletariat nichts. Ist es organisiert, ist es alles.»[90]

Als Inszenierungsmethode von *Streik* kennzeichnet Eisenstein in einem kurz nach der Uraufführung geschriebenen Aufsatz[91] die Montage von Attraktionen. Konkretes Ziel von *Streik* ist es einerseits, den Arbeiter aufzuklären über die Methoden der Reaktion sowie Möglichkeiten und Sinn der Organisierung der eigenen Klasse, andererseits ästhetische Wirkung in Bereitschaft zur Geschichtsveränderung umzusetzen. Die durch Montage von Attraktionen erzeugte Spannung wird hier nicht – wie in den Theaterstücken – am Schluß aufgelöst (die Streikenden lassen sich niedermetzeln, nicht einer wehrt sich direkt), und dies heißt, *daß eine Konzentration auf Kampfesreflexe (Anhebung des potentiellen Klassentones) stattfindet.* Die Bedeutung der klassenbezogenen Wirksamkeit oder Verständlichkeit illustriert Eisenstein am Beispiel der Schlachthausepisode (in einer Assoziationsmontage werden dem Gemetzel, das die Soldaten unter den Streikenden anrichten, Szenen vom Abschlachten eines Ochsen gegenübergestellt), die für alle Zuschauerschichten ein *geballt blutiger Assoziationseffekt* war, nicht aber *für den an Viehschlachtungen gewöhnten Bauern* und die Arbeiter, weil er das *Ochsenblut vor allem mit der Verwertungsfabrik neben dem Schlachthaus assoziiert!* [92].

In *Streik* fehlen der individuelle Held wie auch das Sujet, die Story.[93] Der Held in diesem Film ist das Kollektiv, und die «Geschichte», die erzählt wird, ist ein Stück Geschichte der kapitalistischen Gesellschaft kurz vor der Revolution. Was hinter diesem dramaturgischen Prinzip steht ist zum einen die Abneigung gegenüber dem bürgerlichen Film und Theater, worin Geschichten meistens Dreiecksgeschichten und die Helden jene Einzelpersonen sind, die Geschichte bestimmen, zum anderen aber – und dies ist gewiß entscheidender – das natürliche Verlangen, auf der Leinwand endlich einmal diejenigen Kräfte darzustellen, die die Geschichte tatsächlich machen, die Klassen, und nur eben diese Geschichte zu erzählen, die Kämpfe der Klassen. Filmhelden sollen endlich die werden, die auch die wahren Helden des Lebens sind, die revolutionären Massen. *In den ersten Jahren bestand eine brennende Notwendigkeit, über das Kollektiv, das kollektive Prinzip und über den Kollektivismus schlechthin zu sprechen. Bisher war noch kein Bild kollektiver Handlung und kein Bild eines Kollektivs auf der Leinwand zu sehen gewesen. Die Masse als einen Protagonisten der Handlung hatte die Leinwand noch nicht kennengelernt. Das zeitgenössische Wehen eines kollektiven Geistes verlangte nach bildlicher Demonstration und Fixierung.* [94] Im Verlauf noch der frühen Phase des sozialistischen Aufbaus rückt dann – für den einen Filmschaffenden früher (Pudowkin z. B.), für den anderen später (Eisenstein z. B.) – ganz zwangsläufig der hervorragende einzelne Vertreter der revolutionären Klasse in den Mittelpunkt der künstlerischen Widerspiegelung des gesellschaftshistorischen Geschehens – ohne daß dabei die Massen wieder in den Hintergrund treten müßten, das heißt ohne daß sie weniger als zuvor als Helden gezeigt würden.

Der Sujetfilm erreicht die emotionale und ideologische Einwirkung auf den Zuschauer vor allem mit Hilfe seiner Fabel. Diese wichtige Rolle der Fabel zu übernehmen: gerade darin sieht Eisenstein die vornehmliche Aufgabe der Montage in der Zeit des sujetlosen Films, in der *Streik* entsteht. *Der sujetfreie Film ... mußte den Prinzipien und der Meisterschaft plastischer Gestaltung größere Aufmerksamkeit widmen, nolens-volens auf dem Gebiet der Filmsprache und Filmforum qualifi-*

Drei Szenen aus dem Film «Streik». Das «Unten»: Proletarier

zierter sein bzw. werden.[95]

Wegen dieser Überbeanspruchung der Montage spricht Eisenstein von der «Montagehaftigkeit», die ein besonderes Kennzeichen der sujetfreien Phase des Films ist. Und als ein Kennzeichen dieser Zeit aus der Phase ohne individuellen Helden nennt er die «Typisierungstendenz». Eisensteins Typisierungsmethode geht aus seiner Arbeit mit der Typage im Theater hervor, wobei diese Typage wiederum ihren Ursprung in den komischen Figuren des Zirkus und den sieben Grundtypen der Commedia dell'arte hat. Im «Mexikaner» hob sich der Revolutionär als einzige realistisch dargestellte Person von den ihn umgebenden stilisierten Figuren ab. Ebenso wird auch in *Streik* nur das Proletariat gezeigt, wie es wirklich ist; es steht unten, aber mit beiden Beinen auf der Erde. Das «Oben», die Vertreter des Kapitals und ihre Gehilfen – Meister, Spitzel und Polizei –, und das «Ganz-Unten», das Lumpenproletariat in den Erdlöchern: sie alle werden in der Erscheinung so verzerrt, daß ihr Wesen an die Oberfläche kommt. Die typischen Eigenschaften ihrer sozialen Rollen sind so weit veräußerlicht, daß nur noch gesellschaftliche Charaktermasken übrigbleiben, Typen, die ganz und gar gesellschaftliche Funktion sind. Das nichtbewußte, dahinvegetierende Lumpenproletariat ist dargestellt als Galerie von Clowns, dumme Auguste in der Mehrzahl. Die Wesens-Physiognomie des Kapitals und seiner Agenten wird durch Analogien zum Tierreich gestaltet: der vollgefressene Mops und der blutsaugende Vampir, keifende Bluthunde, die schnüffelnde Bulldogge, die spionierende Eule, der überlistende Fuchs . . .

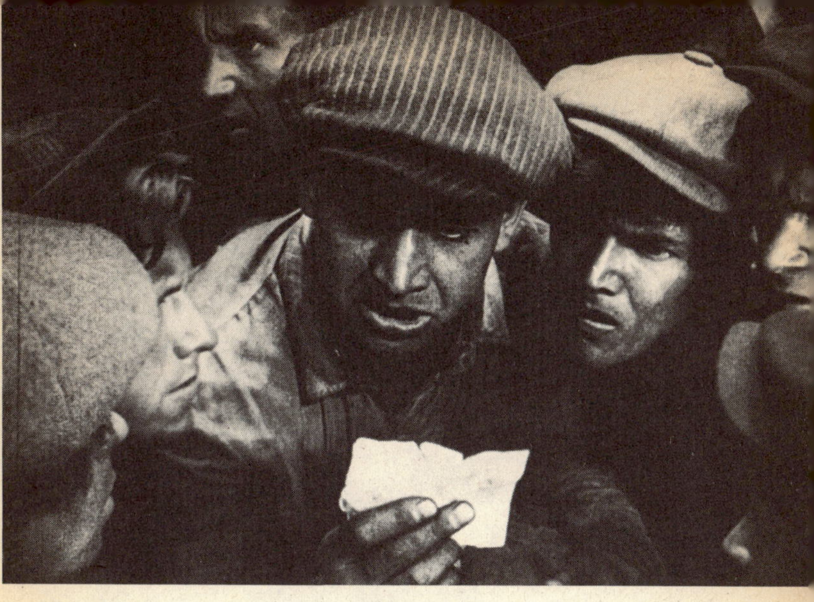

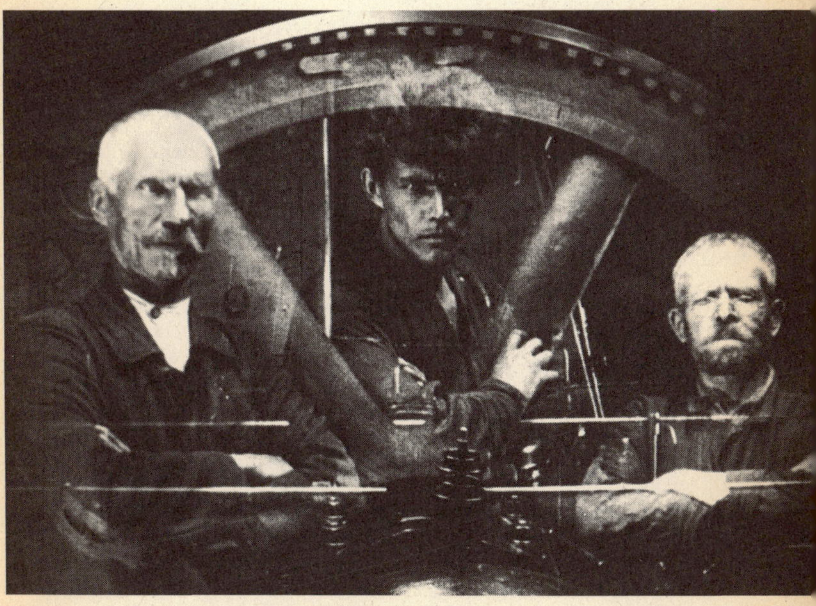

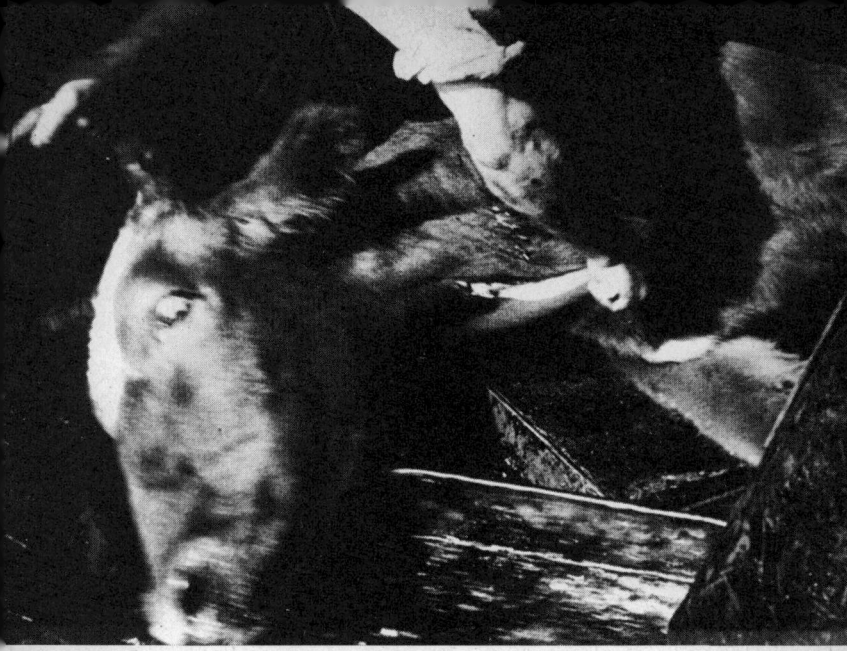

Abschlachtung . . .

Streik bietet Eisenstein noch einmal die Gelegenheit, mit der auf die Typisierung des Klassenfeindes bezogenen Exzentrik, wie er sie in der Theaterarbeit erprobt hatte, zu spielen und mit ihren durch die filmischen Mittel erweiterten Möglichkeiten zu experimentieren. Gerade diese Versuche mit der Exzentrik werden für ihn Anlaß, «alle Geheimnisse der Kinematographie zu entdecken, das letzte aus ihr herauszuholen»[96], und zugleich zum Vorwand, jeden Trick und jede Raffinesse anwenden zu können. Reine Formakrobatik ist häufig das Ergebnis: Das Mittel wird zum Selbstzweck, die Entlarvung des Klassenfeindes tritt zurück hinter der Freude am zirzensisch-exzentrischen Spiel mit dem Klassenfeind.

Um die einzelnen Rollen mit den jeweils richtigen Typen zu besetzen, finden – wie Schtrauch berichtet – für die ersten Filme Eisensteins regelrechte Menschenjagden statt. «Typen werden überall gesucht und aufgelesen – auf den Straßen, in den Straßenbahnen, in Behörden, auf Versammlungen . . . Eine typisierte Person soll in einer Einstellung ihren Paß vorweisen . . . nicht das Individuum, sondern die gesamte Weltanschauung.»[97] Und diese «Weltanschauung» muß in den Massenfilmen, in denen einzelne nur kurz auftreten, in eben diesem kurzen Moment klar und deutlich zum Ausdruck kommen. Eisenstein versteht «Typisierung» aber nicht nur als *ungeschminktes Gesicht oder ein Ersetzen der Schauspieler durch «natürlich ausdrucksvolle» Typen. Meiner Meinung nach umfaßte die «Typisierung» eine spezifische Annähe-*

38

rung an die Ereignisse, die den Inhalt des Films ausmachten. Hier hatten wir ... die Methode der geringsten Einmischung in den natürlichen Verlauf und die natürliche Kombination der Ereignisse.[98] Denn daß die *Typisierungstendenz ... in einer bestimmten Etappe zum Stilelement einer regelrechten Bewegung innerhalb der Gesamtfilmkunst* wird, hängt auch zusammen *mit den neuen Gefühlen und Beziehungen zur Wirklichkeit, mit dem Gefühl einer «Entdeckung» der uns umgebenden wunderbaren Wirklichkeit, mit dem Bemühen, möglichst wenig «anzutasten» ... Die «erste Begegnung» mit der revolutionären Errungenschaft war ... voll erregter Schüchternheit und Berührungsangst.*[99] Diese Berührungsangst, die das Detail verdeckt läßt, trifft sich mit dem allgemeinen gesellschaftlichen Bedürfnis nach Darstellung dieses Ganzen, nach Darstellung der Ereignisse in ihrer Gesamtheit, nach Darstellung der potentiellen Kraft durch Gemeinsamkeit und der Stärke durch Klassenbewußtsein. (Die Entwicklung von der Klasse an sich zur Klasse für sich ist der Gegenstand der ersten Eisenstein-Filme.) Und dieses Zusammentreffen läßt Typisierung und Montage zu den wichtigsten Stilmitteln der frühen Filme Eisensteins und überhaupt der frühen Periode des sowjetischen Films werden. In dem 1925 geschriebenen Aufsatz *Zur Frage eines materialistischen Zugangs zur Form* betont Eisenstein, daß in *Streik* das eigentlich Revolutionäre die Form ist. Zum erstenmal in der Geschichte des Films kommt *hier ein adäquat aufgestelltes formales Verfahren zur Anwendung ... das einen Zugang zur Aufdeckung des Reichtums historisch-revolutionären Materials grundsätzlich ermöglichte.* Voraussetzung dafür ist der klassenspezifische Blickpunkt des

... und Gemetzel («Streik»)

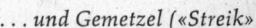

Das «Ganz-Unten»: Lumpenproletarier (aus «Streik»)

Regisseurs, der ein Ereignis wie den Streik nicht in seinem Chronikcharakter, sondern in seinem Wesen, seiner gesellschaftshistorischen Gesetzmäßigkeit, *als Etappe eines einheitlichen Prozesses* erfaßt. Die *proletarische Logik* wird aufgedeckt und die *Technik der Kampfmethoden als eines «lebendig» verlaufenden Prozesses, der keine anderen feststehenden Regeln als das Endziel kennt* [100], dargestellt.

Gleich nach dem Erscheinen von *Streik* – er kommt bei der Presse im allgemeinen besser weg als beim breiten Publikum – erkennt Eisenstein, daß eine Einheit von Inhalt und Form doch noch nicht ganz erreicht worden ist, und selbstkritisch benennt er Schwächen seines Films, so das *Fehlen von Material, das die Technik des bolschewistischen Untergrunds und die ökonomischen Voraussetzungen eines Streiks mit der erforderlichen Deutlichkeit skizziert ... Dieser Mangel bewirkte ... eine gewisse überflüssige Verfeinerung von an und für sich einfachen und strengen Formen.* [101] – *Gerade ist der Film «Streik» angelaufen. Unausgereift. Eckig. Schockierend. Keck ... Eine typische Erstlingsarbeit.* [102] Pudowkin stellt fest, daß es in *Streik* «von rein formalen

40

Tricks wimmelte ... die formalistischen Schrullen ... lenkten den Zuschauer vom realen Leben ab, verwirrten ihn, verzerrten gelegentlich sogar in seiner Wahrnehmung völlig die Verbindung des Films mit der realen, geschichtlichen Wirklichkeit»[103].

Im Zusammenhang mit der Form-Inhalt-Diskussion (*Zur Frage eines materialistischen Zugangs zur Form*) – Eisenstein entgegnet darin Formalismus-Vorwürfen, die ihm von seiten der Proletkultleitung gemacht werden – setzt Eisenstein sich mit Wertow auseinander. Nach der Begeisterung für die *ersten Arbeiten Wertows auf dem Gebiet der «Kinoprawda»* grenzt er sich 1925 von Wertow scharf ab. Betrachtet Wertow *Streik* als den «Versuch, einige Konstruktionsmethoden der ‹Kinopravda› und des ‹Kinoglas› dem Spielfilm aufzupfropfen»[104], so sieht Eisenstein in der Filmarbeit eine Gemeinsamkeit zwar im selben Ausgangspunkt der *produktiven Chroniken* – beide lehnen das Sujet im Sinne einer fiktiven Story und den individuellen Helden ab –, aber einen *prinzipiellen Unterschied ... in der Methode ... Wertow ... wählt dasjenige aus seiner Umgebung aus, was ihn beeindruckt, nicht aber das, womit er den Zuschauer beeindrucken und damit dessen Psyche umpflügen kann,* er interessiert sich nur für die Dinge an sich, beläßt sie in ihrer Statik und maskiert sie *mit einer auf Kunstgriffen des Alogismus aufbauenden Dynamik.* Wertow reiht *gefilmte Einwirkungsphänomene* aneinander und erreicht höchstens eine *Fixierung der Zuschaueraufmerksamkeit.* Er selbst dagegen will mit der bewußten Auswahl, *die Wirklichkeit und realen Phänomene ... montierend ... zu einer sozial einwirkenden Konstruktion*[105] umformen.

Das «Oben»: Vertreter des Kapitals und ihre Gehilfen (aus «Streik»)

Streitigkeiten um die Urheberschaft am *Streik*-Szenarium sind für das Proletkult-Exekutivkomitee der Anlaß, Eisenstein seiner Ämter im Theater zu entheben. Als tieferen Grund nennt es: Eisensteins «formal ‹revolutionären› Tendenzen, die sich in seinem Streben nach übermäßigem, selbstwertigem Formalismus und ‹Trickismus› bei der Ausarbeitung des Regieplanes dieses Filmes zeigten. Ferner ... die Einführung einer Reihe zweifelhafter Elemente freudianistischer Provenienz.»[106] Eisenstein selbst hatte schon lange vor dieser Kündigung eine Lösung vom Proletkult-Theater geplant — aus Gründen *der Rechtsabweichung der kleinbürgerlich-realistischen Einstellung von Proletkult*[107]. Als «einer der kompromißlosesten Vorkämpfer der LEF»[108] sieht Eisenstein keine Grundlage mehr für die Zusammenarbeit mit den Leitungsorganen des Proletkult, die *weder im Repertoire noch in prinzipiellen und formalen Fragen einen festen Theaterkurs steuerten*[109]. Als der Proletkult Eisenstein auffordert, *sich auf eine monatliche Fertigstellung von Inszenierungen einzurichten* und ihm das *Verbot weiteren Experimentierens*[110] erteilt, entschließt dieser sich, nur noch *Streik* zu beenden und auf die Inszenierung weiterer Theaterstücke für den Proletkult wie auch

«Typen werden überall gesucht ...» (*«Streik»*)

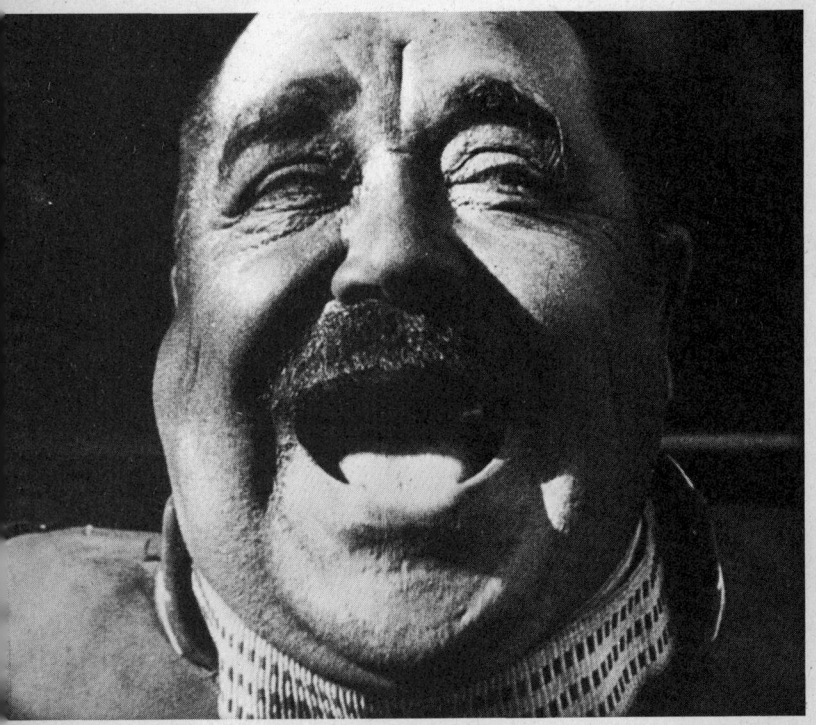

Dsiga
Wertow

der übrigen Serien des Zyklus «Zur Diktatur» zu verzichten. Als Eisenstein dann die Kündigung erhält, verlassen mit ihm auch Alexandrow, Schtrauch, Antonow, Gomorow und Lewschin das Erste Arbeitertheater – die fünf Schauspieler, die Regieassistenten der drei nächsten Filme Eisensteins werden; ein Journalist tauft sie die «Eiserne Fünf».[111]

Zur Zeit der Trennung vom Proletkult sieht Eisenstein durchaus noch nicht ein Ende seiner Theaterarbeit. In einem nach der Fertigstellung von *Streik* erschienenen Zeitungsinterview sagt er: *Der Bruch mit dem Proletkult bedeutet für mich einen letzten Anstoß dazu, mich – wenigstens in der allernächsten Zeit – ausschließlich der Filmarbeit zu widmen.*[112] Ein Angebot, als Regisseur am Meyerhold-Theater zu arbeiten, lehnt er mit der Begründung ab, das nächste Filmprojekt, die *in heroisch-romantischem Stil zu realisierende Geschichte der Reiterarmee*[113], würde seine ganze Arbeitszeit beanspruchen. Erst nach *Panzerkreuzer Potemkin* erklärt er: *... es kann ... für einen Künstler nur entweder Film oder Theater geben; man kann nicht beides zusammen «treiben», wenn man etwas Wesentliches leisten will.*[114] Und schließlich sieht er nicht nur das Ende seiner Theaterzeit gekommen, sondern auch das Ende der Zeit des Theaters überhaupt.

In dem 1926 erschienenen Aufsatz *Zwei Schädel Alexanders des Großen* schreibt er, daß mit der Organisation von Massenauftritten das Theater seine Grenze und damit seine letzte Etappe erreicht. Seine nächste Stufe wäre «Gasmasken» gewesen, aber diese Aufführung ist *faktisch schon fast Film*; das Theater gibt auf, und die *«Gasmasken»* gin-

43

gen völlig logisch in den «Streik» als in eine Etappe über, die völlig auf dem aufbaut, was hier als «Trick» Eingang fand ... Das Kino ist die heutige Etappe des Theaters ... Es wäre dumm, einen Hakenpflug zu vervollkommnen. Man wird einen Traktor bestellen.[115]

«PANZERKREUZER POTEMKIN»

Im Februar 1925 sollen die Dreharbeiten zur «Reiterarmee» beginnen. Doch das Projekt wird fallengelassen, als Eisenstein auf Empfehlung des Goskino-Studios vom Festausschuß des ZEK der UdSSR den Auftrag erhält, einen Jubiläumsfilm zum 20. Jahrestag der Revolution von 1905 zu drehen.

Die erfahrene Revolutionärin Nina Agadschanowa-Schutko wird beauftragt, die Vorlage zum Film zu schreiben. Auf der Grundlage von *Sujet-Materialien aus dem Schatz der Erinnerungen von Revolutionsteilnehmern* [116] und unter Mitarbeit Eisensteins entsteht ihr Szenarium «Das Jahr 1905». Geschildert werden darin unter anderem Episoden aus der Bauernbewegung und dem Petersburger Generalstreik, Szenen aus Judenpogromen und Ereignisse wie der Aufstand auf dem Panzerkreuzer «Potemkin». Die zuletzt genannte Episode, auf die sich dann später der Film beschränkt, macht nur *anderthalb Seiten des umfangreichen Szenariums* [117] aus. Da es jedoch bei der gesamten Szenariums-Arbeit um den Versuch ging, *das dynamische Bild der Epoche, ihren Rhythmus und die innere Beziehung zwischen den verschiedenartigsten Ereignissen festzuhalten und zu verstehen*, wird die fertige Filmvorlage zur *umfassenden Übersicht über die Vorarbeiten, ohne die der in die einzelne Episode der für das Jahr 1905 charakteristische Geist nicht hätte verallgemeinert eingehen können* [118]. Und gerade Eisensteins Zusammenarbeit mit Nina Agadschanowa trägt dazu bei, daß sein Verhältnis zur Revolution enger wird, denn die sechsunddreißigjährige Revolutionärin, die *in den Jahren vor der Oktoberrevolution verantwortungsvolle Arbeit in der Illegalität geleistet* hatte, bringt ihm das *echte Empfinden für die geschichtlich-revolutionäre Vergangenheit bei* [119] und *führt ihn durch die historisch-revolutionäre Vergangenheit zur revolutionären Gegenwart... Der Intellektuelle, der erst nach 1917 zur Revolution gefunden hatte, mußte notwendigerweise erst die Stadien des «ich» und «die Anderen» durchlaufen, bevor in ihm beides zu dem Begriff des sowjetischen revolutionären «wir» verschmolz.* [120]

Im Sommer beginnen die Dreharbeiten zu «Das Jahr 1905». Der Film soll aus acht Teilen bestehen und insgesamt bis August 1926 fertiggestellt sein. Nur der Teil, der sich mit den Höhepunkten der Streikbewegung im Oktober 1905 befaßt und als Prolog den Aufstand auf dem Panzerkreuzer schildert, muß bis zu den Jubiläumstagen im Dezember abgeschlossen sein.

Im August wird in Leningrad die Episode über den Petersburger Generalstreik gedreht. Anschließend fährt das Aufnahmeteam ans Schwarze Meer – nur hier *gibt es* (im September) ... *ein für Dreharbeiten geeignetes Licht* [121], um den Teil über den «Potemkin»-Aufstand zu filmen. Gedreht wird in Odessa sowie auf den Kreuzern «Komintern» und «12 Apostel» (dem Schwesterschiff der demontierten «Potemkin») im Hafen von Sewastopol.

Nach einigen Wochen Aufnahmearbeit zeigt sich, daß die Zeit bis zum Jubiläumsfest zu knapp ist, um den Film so wie geplant zu realisieren. Zeitdruck, aber vor allem auch die Tatsache, daß dem Filmkollek-

«Kollektiv 1905» und «Todesbucht-Kollektiv». Odessa, September 1925

tiv während der Dreharbeiten der höchst exemplarische Charakter des
Matrosenaufstandes klar wird, führt Eisenstein zu dem Entschluß, die
«Potemkin»-Episode zum abendfüllenden Film auszuweiten und die rest-
lichen Teile fallenzulassen. In kürzester Frist, in zweieinhalb Monaten,
werden 15 000 m Film gedreht und in nur zweieinhalb Wochen zum
Panzerkreuzer Potemkin montiert.[122]

Panzerkreuzer Potemkin hält sich im wesentlichen an die historische
Vorlage des Matrosenaufstandes. Nach den Niederlagen im Russisch-Ja-
panischen Krieg verschärft sich in der Schwarzmeerflotte der Druck des
Offizierkorps auf die Mannschaften. Die Unruhe unter den Matrosen
wird größer, und bolschewistische Kader planen für September 1905 einen Flottenaufstand. Am 14. Juni weigert sich eine Gruppe von Matrosen auf dem Panzerkreuzer «Fürst Potemkin von Taurien», verdorbenes
Fleisch zu essen. Als die Matrosen erschossen werden sollen, meutert
die gesamte Mannschaft. Die Offiziere werden verhaftet, das Schiff läuft
den Hafen von Odessa an, um einen von den Offizieren ermordeten
bolschewistischen Matrosen zu bestatten. Die gerade streikende Odessaer Arbeiterschaft solidarisiert sich mit den Aufständischen und erweist dem Toten die letzte Ehre. Drei Tage später fährt der Panzerkreuzer dem zur Unterdrückung der Meuterei herbeieilenden Admiralsgeschwader entgegen. Die «Potemkin»-Matrosen fordern die Mannschaften der Flotte auf, sich der Rebellion anzuschließen. Die Aufständi-

46

schen dürfen passieren, und der Panzerkreuzer «Georgi Pobedonosez» schließt sich ihnen an, jedoch nur für kurze Zeit. Die «Potemkin» bleibt isoliert, und als das Schiff den Hafen von Konstanza anläuft, wird es von der rumänischen Regierung interniert und an Rußland ausgeliefert. Die meisten der aufständischen Matrosen werden nach ihrer Rückkehr in die Heimat von den zaristischen Behörden umgebracht.

Der Aufstand ist gescheitert. Doch trotz dieser Niederlage wird er in seiner politischen Bedeutung zum gewaltigen Sieg, denn die Tatsache, daß sogar innerhalb des besonders autoritären zaristischen Militärapparats Widerstand möglich ist und auch tatsächlich geleistet wird, macht großen Teilen der Bevölkerung Mut, sich dem Kampf gegen die Herrschenden anzuschließen. Lenin spricht in dieser Zeit vom Übergang der «Potemkin» auf die Seite des Aufstands als dem «ersten Schritt zur Umwandlung der russischen Revolution in einen internationalen Machtfaktor»[123], und später weist er auf den beispielhaften Charakter hin, den der Matrosenaufstand für die revolutionäre Bewegung von 1905, der «Generalprobe für den Roten Oktober», hat – und genau diesen Wesenszug stellt Eisenstein in seinem Film dar. *Panzerkreuzer Potemkin* ist eine konzentrierte Widerspiegelung der Revolution von 1905 und darüber hinaus in der Exemplifizierung von Kampf und Verbrüderung allgemeiner Ausdruck der revolutionären Bewegung überhaupt. Eisenstein zeigt deshalb am Schluß des Films nicht die Niederlage: Der Panzerkreuzer «Potemkin», die Flagge der Revolution am Mast und die jubelnden Matrosen an Deck, passiert das Admiralsgeschwader und fährt direkt auf den Zuschauer zu, um auch ihn zum Anschluß zu bewegen.

Wie die Fahrt der Film-«Potemkin» mit einem Sieg endet, *genauso geht die in Blut erstickte Revolution des Jahres fünf selbst – objektiv historisch betrachtet – in die Annalen der Revolutionsgeschichte als ein siegreiches Kapitel, als großer Wegbereiter des endgültigen Sieges ein*[124].

Ein Teil trat an die Stelle des Ganzen. Das gilt für das revolutionäre Ereignis, das an die Stelle einer ganzen Revolution und die revolutionäre Bewegung insgesamt tritt. Und so ist es mit den einzelnen Szenen und Details des Films. *Wann sind Teil, Einzelheit, einzelne Episode in der Lage, gesetzmäßig und ausschöpfend durch sich das Ganze zu ersetzen? ... wenn sie typisch sind, d. h., wenn sie, wie ein Wassertropfen, in konzentrierter Form tatsächlich den Gehalt des Ganzen widerspiegeln ... Das madige Fleisch wächst zum Symbol der unmenschlichen Bedingungen heran, unter denen ... die Ausgebeuteten der «großen Armee der Arbeit» gehalten wurden. Die Szene auf dem Achterdeck enthält alle Merkmale der Grausamkeit, mit der das zaristische Regime jede Regung eines Protestes niedergeknüppelt hat ... Die Trauer um den toten Vakulintschuk steht stellvertretend für die zahllosen Fälle, wo Beerdigungen von Opfern der Revolution zu flammenden Demonstrationen und Anlaß erbitterter Zusammenstöße und furchtbaren Gemetzels wurden.*[125]

Von besonders starker allgemeiner Aussagekraft ist die Hafentreppenszene, die *als entscheidendes Element den Charakter des ganzen Films* bestimmte[126]: die im schneller werdenden Rhythmus und Gleich-

Das Schlußbild des «Panzerkreuzer Potemkin»

schritt herabsteigende Soldatenstiefelreihe, die alles niederwalzt, was ihr im Wege steht – selten ist emotional so wirksam die unerbittliche Macht der Reaktion, die blinde Gewalt gegenüber dem Volk, dargestellt worden.

Wie in *Streik* ist auch hier nicht ein Individuum, sondern die revolutionäre Masse der Held des Films. Darsteller sind einige Schauspieler des Ensembles vom Ersten Arbeitertheater, Mannschaften der Roten Flotte, Mitglieder des Sewastopoler Fischerverbandes und Einwohner von Odessa. Entscheidend bei der Auswahl der Akteure sind *nicht künstlerisch erwiesene Fähigkeiten, sondern die physischen Erscheinungen* [127], Typage-Prinzipien also.

In *Streik* wurden in der Darstellungsweise ausschließlich die Klassenfeinde vom positiven Kollektiv, den streikenden Arbeitern, abgehoben. Entsprechend dem höheren politischen Bewußtsein der im *Panzerkreu-*

zer *Potemkin* dargestellten Masse erscheint in diesem Film allein die bewußte, organisierte Gemeinschaft der Matrosen natürlich. Ihr gegenübergestellt wird nicht nur der Klassenfeind (die Befehlshaber des Schiffs und ihre Gehilfen: der eiskalte Kommandant, brüllende Offiziere, der Militärarzt, der *niederträchtig durch die Doppelgläser des Kneifers blinzelnd ... das madige Fleisch ... begutachtet* [128], der listige Pope und die Kosaken, eine stumpfsinnige Vernichtungswalze), sondern auch die dem Bewußtheitsgrad der *Streik*-Arbeiter entsprechende, unorganisierte Bevölkerung von Odessa, und das gilt vor allem für die Bevölkerung als Opfer des Treppenmassakers: ein auf Händen fliehender beinloser Krüppel, eine Mutter, die ihren toten Sohn den Mördern entgegenträgt, eine sterbende Mutter, deren Kind im Kinderwagen die Treppe herunterrollt. Markanter Typ, kurze, exzentrische Großaufnahme und schockierende Attraktion vereinigen sich in der Wirkung wohl am nachhaltigsten im Bild vom Gesicht der schreienden Lehrerin und ihrem von einer Kugel zerfetzten Auge. (In vielen der bei uns verliehenen Kopien fehlt diese Aufnahme.) Bei aller Extravaganz wird die von der Zeichnung des Matrosenkollektivs unterschiedliche Darstellungsform jedoch daran gehindert, ein Eigenleben zu entfalten. Sie bleibt streng dem Rhythmus und dem Strukturprinzip des Films unterworfen, und ihre Funktion beschränkt sich auf die Schaffung von Pathos und auf die deutliche Wesensunterscheidung der unterschiedlichen Teile des Volkes sowie deren Feinde.

Von der Reproduktion historischer Fakten ist Eisenstein in *Panzerkreuzer Potemkin* ebenso weit entfernt wie von der erfundenen Fabel. *Der «Potemkin» sieht aus wie eine Chronik von Ereignissen, rollt aber ab wie ein Drama. Der Grund hierfür liegt darin, daß der chronikartige Gang der Ereignisse in strenge Tragödienkomposition gebracht ist.* [129]

Mit der Form der klassischen Tragödie greift Eisenstein auf ein dramaturgisches Prinzip zurück, das vom materialistischen Standpunkt aus der Dramatik des Geschichtsverlaufs am besten – wie *Panzerkreuzer Potemkin* zeigt – entspricht. Was Eisenstein mit *Streik* erst herausgearbeitet hatte, kommt nun im ganzen wie im Detail voll zur Anwendung: historisches Material wird als dialektischer Prozeß betrachtet und in dialektischer Form dargestellt. Proportionen und Ablauf im Kompositionsaufbau von *Panzerkreuzer Potemkin* sind charakterisiert vom qualitativen Sprung – *nicht als ein Stilisierungsmittel*, sondern als entsprechender Ausdruck des *Moments einer dialektischen Zuspitzung von Widersprüchen* [130]. Eine solche Komposition *ist eine Konstruktion, die in erster Linie dazu dient, das Verhältnis des Autors zum Inhalt zu verkörpern und gleichzeitig den Zuschauer in dasselbe Verhältnis zu diesem Inhalt zu versetzen* [131].

In seiner Untersuchung *Über den Bau der Dinge* [132] aus dem Jahre 1939 nennt Eisenstein die Komposition von *Panzerkreuzer Potemkin* organisch, und er bestimmt das Organische dadurch, daß Gesamtheit und Einzelteile gemeinsam einem bestimmten Strukturgesetz gehorchen (*das Organische der allgemeinen Ordnung*), und zwar jenem Strukturgesetz, nach dem die Erscheinungen der Natur gebildet werden (*das Organische der besonderen Ordnung*). [133]

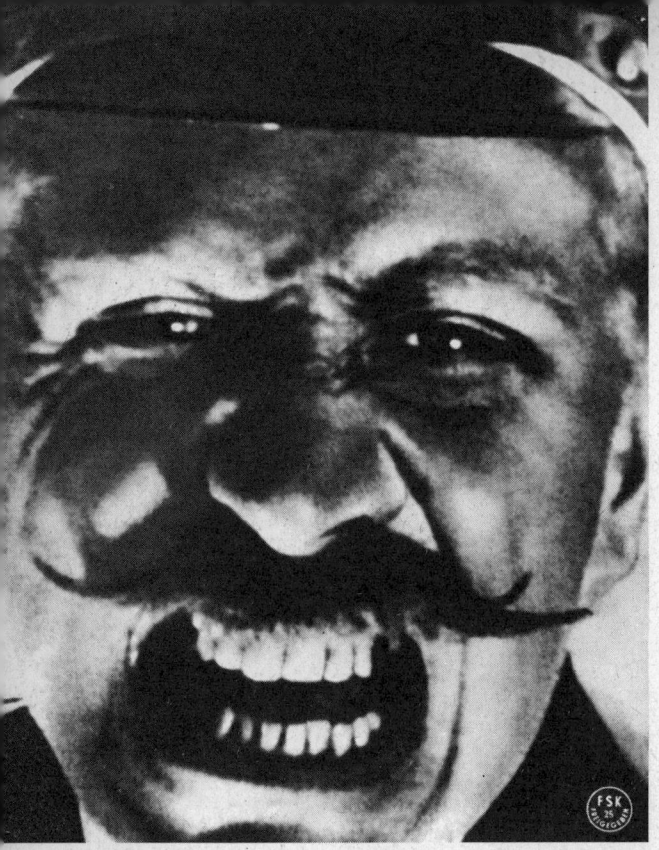

Brüllende Offiziere . . .

Der Ruf «Brüder!» und die sich senkenden Gewehre im 2. Akt wiederholen sich in größerer Einheit im 5. Akt; zuerst senkten sich die Gewehrläufe, nun senken sich die Kanonenrohre. *Von einer Zelle im Organismus des Panzerkreuzers zum Gesamtorganismus des Kreuzers; von einer Zelle im Organismus der Flotte zum Gesamtorganismus der Flotte – so steigert sich im Thema das Gefühl der Brüderlichkeit. Und dieses Gefühl spiegelt den Aufbau des Films, dessen Thema Brüderlichkeit und Revolution heißt, in jeder Phase wider.*[134]

Die Gesetzmäßigkeit, die die Entwicklungsform des Themas bestimmt, verbindet neben der thematischen Gemeinsamkeit alle fünf Akte und trennt sie zugleich – insgesamt und jeden für sich: *Jeder Akt zerfällt deutlich in zwei ungefähr gleiche Teile. Besonders klar wird das an den Akten zwei bis fünf: Die Szene mit der Zeltbahn – der Aufstand. Die Trauer um Vakulintschuk – die haßerfüllte Demonstration. Die lyrische Verbrüderung – das Blutbad. Das aufregende Warten auf die Begegnung mit dem Geschwader – der Triumph.*[135] Satz, Gegensatz, Synthese usw. ist als Gesetz der Filmstruktur das Gesetz des Themas, Gesetz also der revolutionären Verbrüderung: Aktion, Reaktion, Solidarität und die Wiederholung auf der nächsthöheren Stufe – Klassenkampf bis zum Sieg.

Vor dem Umschwung, dem Sprung ins Entgegengesetzte, ist in jedem Teil und in allen Teilen zusammen eine Zäsur gesetzt: im 2. Akt sind es *die unbeweglichen Gewehrläufe*, im 3. Akt die *sich ballenden Fäuste*, im 4. Akt der *Zwischentitel «Plötzlich»*, im 5. Akt *die gähnenden Geschützschlünde... und der Ruf «Brüder!»*[136]. Die Zäsur, die das Gesamtwerk in zwei Teile gliedert, nennt Eisenstein den Nebel in der Trauerszene – als Ruhepunkt vor dem großen Übergang, dem Sprung vom Schiff zur Stadt: die Odessaer Bevölkerung verbrüdert sich mit den aufständischen Matrosen, bevor sie durch die erneute Reaktion vorläufig wieder von ihnen getrennt wird. – Die Zäsuren liegen nicht in der Mitte der einzelnen Teile; sie teilen die Akte für sich und untereinander im harmonischen Verhältnis, das heißt nach dem *Prinzip des Goldenen Schnitts, dem Gesetz des Aufbaus der organischen Erscheinungen der Natur* [137]. Wie ein griechischer Tempel erfüllt damit für Eisenstein die Komposition von *Panzerkreuzer Potemkin* das Gesetz des «Organischen der besonderen Ordnung». Seiner Meinung nach entsteht nun in

... und ein Militärarzt («Panzerkreuzer Potemkin»)

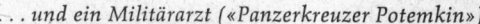

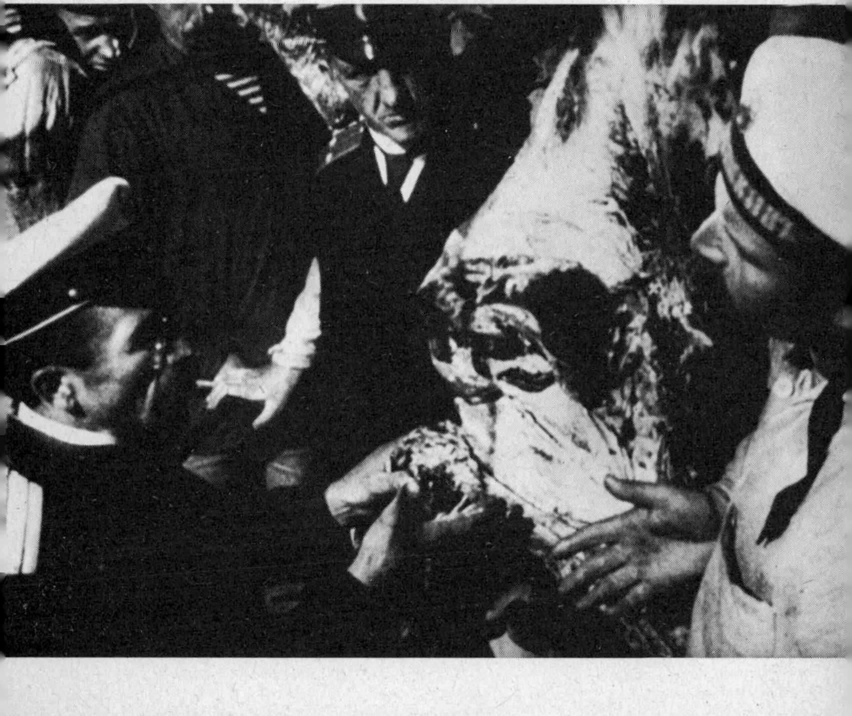

jedem Menschen, der ein nach dem gemeinsamen Aufbaugesetz geschaffenes Kunstwerk betrachtet, die *Empfindung vollendeter Harmonie* [138], ein Phänomen, mit dem Eisenstein die besondere Wirkung von *Panzerkreuzer Potemkin* auch auf Zuschauer, die dem Inhalt des Films scharf ablehnend gegenüberstehen, erklärt.

Über die rein ästhetische Wirkung hinaus geht das Organische dann, wenn es sich zu seiner *höchsten Form* [139] erhebt, zum Pathos. Als spezielle Attraktion ist *Pathos . . . alles das, was den Zuschauer «außer sich geraten» läßt* [140], ihn in Ekstase versetzt. Die *Grundformel des Ekstatischen* ist der *Sprung «aus sich heraus», der in jedem Falle ein Sprung in eine neue Qualität, in den meisten Fällen ein Sprung ins Gegenteil ist* [141]. Im Aufbau eines pathetischen Kunstwerks ist *bezüglich aller seiner Merkmale die Bedingung des «Außersichgeratens» und des unaufhörlichen Übergangs in eine andere Qualität* [142] im höchsten Grade erfüllt, und ein solcher Aufbau zwingt den Betrachter, diesen Ablauf in sich selbst zu wiederholen. Wenn die Schwingungen, die von der Leinwand ausgehen, sich im Zuschauer fortsetzen, dann vermögen ekstatische Menschen, ekstatische Menschenmassen und eine ekstatische Umwelt im Film auch den Zuschauer in Ekstase zu versetzen.

In der Treppenszene werden *die für die Methode (der pathetischen Konstruktion) charakteristischen Züge . . . zu einem Höhepunkt geführt;* der dialektische Verlauf der Bewegung als strukturelles Hauptmerkmal wird hier ganz besonders deutlich.

Eben diese Szene wird in der Filmliteratur gewöhnlich als Musterbeispiel für die Eisensteinsche Montage genannt. In der Tat stellt sie genau das dar, was Eisenstein sich von nun an als Ziel der Montagearbeit in allen seinen Filmen setzt und was er als ideal in seiner erst nach *Panzerkreuzer Potemkin* explizit formulierten Filmmontage-Theorie benennt: die *alleinige Herrschaft des Bildes, des einheitlichen Montagebildes, des mit den Mitteln der Montage dargestellten Bildes zur Verkörperung des Themas* [143].

Während der Arbeit an *Streik* spricht Eisenstein noch davon, daß er keinesfalls von der *sogenannten amerikanischen Montage* [144] abweiche. Mit dieser Montageform ist die von dem amerikanischen Filmregisseur Griffith als ein Hauptstilmittel eingeführte und von ihm wie überhaupt den meisten bürgerlichen Filmregisseuren in einer bestimmten Weise benutzte Parallelmontage gemeint. Später betont Eisenstein immer wieder den entscheidenden Unterschied zwischen der Montage, wie sie für Griffith und das bürgerliche Kino typisch ist, und der, die von ihm selbst und dem sowjetischen Film benutzt wird. Bei Griffith dient die Montage genau wie die Verwendung der Großaufnahme Darstellungs- und Informationszwecken; höchstes Ziel seiner Parallelmontage ist die *Steigerung von Unterhaltung, Spannung und Tempo* [145] – hier der Verfolgte, dort der Verfolger, und zwischendurch werden die Gesichter der beliebten Stars präsentiert. Eisenstein dagegen versucht, mit Hilfe der Montage nicht nur darzustellen, sondern auch zu gestalten. Für ihn wird die Montage im Prozeß der Gegenüberstellung ein selbständiges Ausdrucksmittel (und in der erwähnten «Periode der Montagehaftigkeit» zum überragenden Ausdrucksmittel überhaupt). In der Gegen-

«Brüder!» («Panzerkreuzer Potemkin»)

überstellung der Bildausschnitte sucht Eisenstein nicht nur *jenes qualitative Anwachsen* (zur Schaffung von Atmosphäre und Tempo wie bei Griffith), sondern den *qualitativen Sprung zum «inneren Sinn»*.

In seinem Aufsatz *Dickens, Griffith und wir* [146] verdeutlicht Eisenstein, daß *das montagegerechte Denken nicht zu trennen* ist *von den allgemein-ideellen Grundlagen des Denkens überhaupt* [147], daß die Montagemethode die Gesellschaftsordnung widerspiegelt und selbst Teil der ideologischen Sprache, *ideologisches Inschrift-Zeichen* [148] ist, das heißt Realitätszeichen und Zeichen des Verhältnisses zur Realität.

So wie die Parallelmontage bei Griffith als Darstellungsform geradlinig verlaufender und für immer getrennter Handlungslinien und voneinander unabhängiger Erscheinungen – ganz in der Tradition des viktorianischen Romanciers Charles Dickens – Ausdruck einer Ideologie ist, die den Antagonismus der Klassen als schicksalhaft und ewig, die Klassengesellschaft auf der Erscheinungsebene mit der in «arm» und

53

«reich» geteilten Klassen als zwei sich gegenseitig nicht bedingende Gegebenheiten betrachtet (Griffiths Parallelen treffen sich allein im Unendlichen, d. h. in der aufgesetzten Klassenversöhnung des Happy-End), so versteht Eisenstein seine Montagemethode als adäquate Darstellungsform von Handlungssträngen, die zusammenstoßen, auseinandergehen, sich überkreuzen und zusammenlaufen können, vom *kurvenreichen Verlauf zweier paralleler Linien,* die nicht beziehungslos nebeneinander herlaufen, sondern – wie arm und reich – *zwei Seiten ein und derselben Erscheinung* sind: *einer Gesellschaft, die auf Ausbeutung fußt* [149].

Der Montagemethode, die den Bildausschnitt *in eine Kette von Einzelbildern* gliedert, *die sich abermals in neuer, höherer Einheit zusammenschließen* [150], entspricht die Denkmethode, die eine einheitliche Erscheinung in ihren Widersprüchen erkennt, spaltet, wieder neu zusammensetzt und in dieser Form neu begreift.

So wie die *dualistische Auffassung von der Welt* [151] bei Griffith und dem bürgerlichen Film der Abstraktionsfähigkeit und -möglichkeit und damit auch der Montage ideologische Grenzen setzt – *daran können weder Technik noch Schwung, weder die gewaltigen Maßstäbe noch die Höhe der Kapitalinvestitionen etwas ändern* [152] –, so erweist sich am sowjetischen Film, daß die *monistische und dialektische Weltanschauung* [153] Voraussetzung ist, um über das Erzählen durch Montage, über das *nur Darstellende und Gegenständliche* zum *Ausdruck durch Mon-*

Das Massaker auf der Odessa-Treppe («Panzerkreuzer Potemkin»)

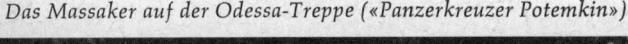

tage, zum Sinn einer Erscheinung zu kommen, und das heißt letztlich, *aus der Mannigfaltigkeit historischer Fakten die verallgemeinerte Deutung einer historischen Erscheinung herauszuarbeiten* [154].

Neben vielen Beispielen für Griffiths Parallelmontage in *Streik* stehen Eisensteins erste Versuche einer gestalterischen Parallelmontage, und das beste Beispiel hierfür ist die Schlußszene von *Streik*: das Kosakengemetzel in der Totalen montiert er mit dem Ochsenschlachten in Großaufnahme – und erhält *das Filmsymbol eines «Menschen-Schlachthofes»* [155]. Im Zusammenhang mit dieser Szene sagt er 1924, daß von ihm *zum erstenmal in der Geschichte des Films ... eine assoziative Montage-Methode verwendet* [156] wird. Gerade die Assoziations-Montage führt Eisenstein zum Filmspezifischen, das sich seiner Meinung nach aus dem Häufigkeitsgrad im Auftreten der Ausdrucksmerkmale ergibt. Eisenstein erkennt, daß der Eindruck der Lebendigkeit, der im Theater durch die physische Realität der Erscheinungen direkt geschaffen wird, im Film durch Assoziationshäufungen mit Hilfe der Montage erreicht wird. Eisenstein zielt aber nicht nur auf eine Wirkung vorwiegend durch die Inhalte der Assoziationsabschnitte (wie in der genannten

Streik-Szene), sondern genauso durch die Zeitdauer der Abschnitte, durch ihr Tempo und ihre Reihenfolge. In *Panzerkreuzer Potemkin* kommt diese Methode dann zur Anwendung, wie auch gerade sie ein Beleg ist für die Bedeutung, die Eisenstein den formalen Faktoren eines Films beimißt. 1930 spricht er in einem Interview davon, daß Zeitdauer, Tempo und Reihenfolge der Abschnitte *dem Zuschauer mit Hilfe dieses rein physiologischen Prozesses den Rhythmus und die Schnelligkeit der Assoziationen vermittelt. Und genau dies ruft im Publikum eine echte Gemütsbewegung hervor.*[157]

Entsprechend dem Kompositionsaufbau von *Panzerkreuzer Potemkin* durchzieht das Prinzip Einstellung im Konflikt mit der nächsten Einstellung den Film und wird in der Treppenszene zur Kollision der strikten Gegensätze gesteigert. Der Gegensatz der Einstellungen ist bestimmt von deren thematischen und kompositionellen Inhalten (Freude–Trauer, Liebe–Haß, Ruhe–Bewegung, schnell–langsam, vertikal–horizontal, hell–dunkel, auf–ab, zahlreich–einzeln usw.) und der Einstellungsform (Großaufnahme–Totale usw.). Den Wechsel der einzelnen Einstellungen bringt Eisenstein nun in einen Rhythmus, der es seiner Ansicht nach in der Treppenszene erreicht, den Betrachter zu *einer verallgemeinernden Wahrnehmung des Unterdrückerregimes*[158] zu führen.

Das *Montagebild*, das Eisenstein mit der «Odessaer Treppe» schafft, sieht er in seinem eigenen Schaffen erst nach dreizehn Jahren wieder verwirklicht – *mit neuer Kraft* –, im «Angriff der Ritter» (*Alexander Newski*) – auf seinem Weg *zum Montagebild als Film im ganzen*[159].

In der Treppenszene verschmelzen *drei zueinander beziehungslose Großaufnahmen von verschiedenen marmornen Löwen in verschiedenen Stellungen zu einem Löwen . . . – zur Verkörperung des metaphorischen*

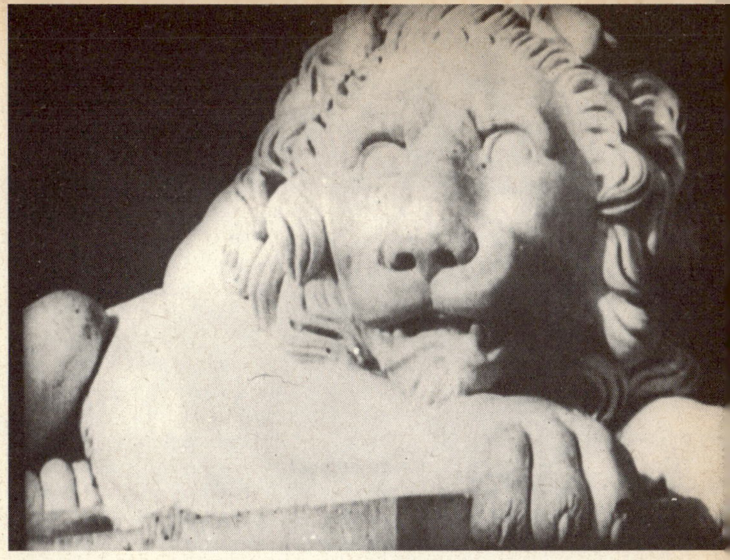

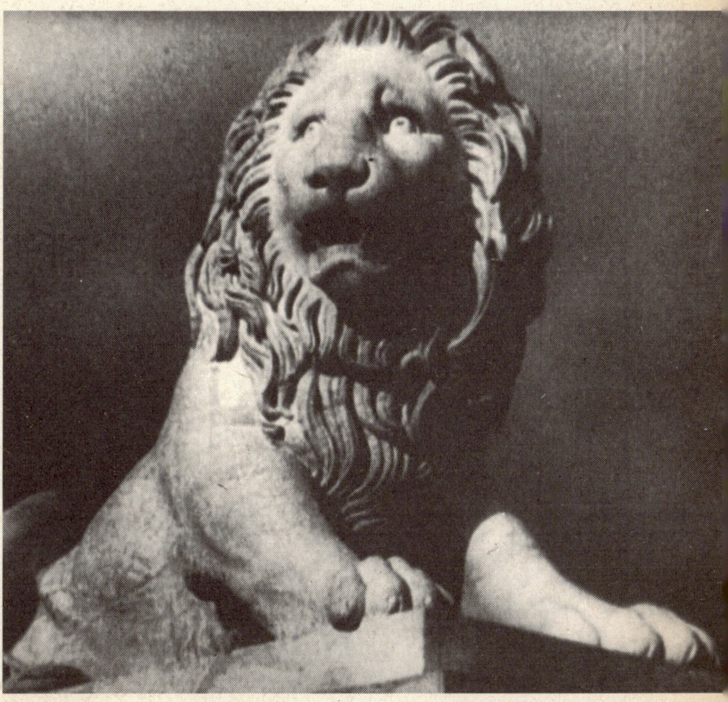

Aufschrei: «Es brüllten die Steine!»[160] Das Bild vom schlafenden Löwen, eine Sprachform springt über in eine andere – tote Materie springt über in lebende. Als gerieten in der Revolution auch die Dinge in Ekstase, als änderte sich ihr Verhältnis zu den Menschen – Dinge können (in Form von Maschinen) nicht nur schön sein, wenn sie allgemein nützlich sind, sie können als Herz des Panzerkreuzers aufgeregt sein, wenn es um Niederlage oder Sieg geht, wie in der «Maschinen-Sequenz», sie können sich verbrüdern: ... *die Jollen und der Panzerkreuzer ... es sind die Schutzlosen, die sich an einen Starken anschmiegen* [161]; und sie sind lebendiger als die Kosaken, die Teil der leblosen Unterdrückungsmaschinerie des Zaren sind; die Dinge rebellieren, als wollten sie endlich in den Dienst der unterdrückten Klasse gestellt werden.

Die *Einheit von Mensch und Material,* die Eisenstein schon im Theater anstrebte – wo er aber nicht über eine *mechanische Verschachtelung auf der Bühne* hinausgekommen war –, wird nun in *Panzerkreuzer Potemkin* auf der Stufe der *thematischen Synthese* erreicht – *der Effekt und die Empfindung einer unverbrüchlichen Einheit des Kollektivs mit seiner – von ihm selber produzierten – materiellen Umwelt wird jetzt schon nicht mehr von einem technischen Kunstgriff der Kamera, sondern von der Komposition des Filmaufbaus initiiert* [162].

Das Ding wird nicht bloß demonstriert, sondern wird als Ding ... ein Handlungsfaktor ... Die «aufbrüllenden Löwen» sind das deutlichste Moment des neuen Psychologismus ... [163]

Dieser «neue Psychologismus» hängt zusammen mit Eisensteins *umfassender Überprüfung der Attraktionen* nach *Streik.* Mit den ekstatischen Menschen und Dingen im Film sollen sich die Zuschauer identifizieren – sie müssen es sogar, wollen sie das Pathos erleben. Aber nicht *die Zerstreuung der Energien* [164] ist für Eisenstein das Ziel des Erlebens, sondern die Tendenz. Die Schaffung von Pathos bedeutet für ihn nicht ein Abrücken von der Attraktionsmontage, sondern (so Eisenstein 1926 [165]) *einen weiteren Wechsel der Attraktionen – ein weiteres taktisches Manöver in der Attacke auf den Zuschauer, die unter der Losung des Roten Oktober geritten wird.* Was den Gebrauch *aller «negativen» Kunstmittel* nach Eisensteins Auffassung überhaupt notwendig macht ist die Tatsache, daß im Gegensatz zur *technizistisch orientierten Stimmungslage* der ersten Aufbauphase, durch die *Streik* gerechtfertigt werden kann, nun *nach der Schlacht* unsere Zeitgenossen *eine gewisse Zeitspanne lang ein bißchen was fürs Gefühl brauchen ... Auf dem Gebiet der Einwirkungsmittel bestimmt uns die jeweils aktuelle Phase der Zuschauerreaktion, d. h. das, worauf der Zuschauer gerade reagiert. Ohne eine Berücksichtigung dessen kann es auch keine Kunst der Einwirkungen geben.* [166]

Die Uraufführung von *Panzerkreuzer Potemkin* findet am 21. Dezember 1925 zur Feier des 20. Jahrestages der Revolution von 1905 im Moskauer Bolschoi-Theater statt. Das Premierenpublikum, Regiekollegen, Politiker und Kunstkritiker nehmen *Panzerkreuzer Potemkin* begeistert oder zumindest zustimmend auf. Im Jahre 1926 läuft er in den sowjetischen Kinos an, doch der Erfolg bei den Zuschauern ist zunächst nicht besonders groß; erst nach den Erfolgsmeldungen aus dem Ausland findet er auch hier ein enthusiastisches Publikum.

Am 29. April 1926 wird eine Zensurfassung von *Panzerkreuzer Potemkin* in Berlin gezeigt – *Gerüchte von einem Bombenerfolg fliegen nach Moskau. Von einem kleinen Kino in der Friedrichstraße . . . wandert der Film ins Zentrum der Stadt . . . Schlangen. Schlangen. Alles ausverkauft. Der Film läuft in mehreren Häusern . . . Die Zeitungen sind voll davon.* Von nun an kann Eisenstein auch für sich die Worte zitieren «*. . . und erwachte eines Morgens und fand sich berühmt*»[167]. Von Europa geht die sensationelle «Fahrt» von *Panzerkreuzer Potemkin* weiter nach den USA und vielen anderen Ländern – und bald *kann man ohne jede falsche Bescheidenheit sagen, daß ihn viele Millionen Menschen gesehen haben. Menschen der verschiedensten Nationalitäten, Rassen und Kontinente.*[168] 1958 auf der Brüsseler Weltausstellung nennt bei einer Umfrage nach dem «besten Film aller Zeiten und Völker» die große Mehrzahl von 117 Filmkritikern *Panzerkreuzer Potemkin* an erster Stelle. (Dieser Rang wird ihm später bei ähnlichen weltweiten Voten von dem bürgerlichen Film «Citizen Kane» von Orson Welles streitig gemacht.)

Wenn Eisenstein von seiner Beobachtung spricht, *Panzerkreuzer Potemkin* lasse auch im bürgerlichen Zuschauer das Gefühl des Organischen entstehen, so betont er, daß gerade die organische Komposition *eine Konstruktion* ist, *die in erster Linie dazu dient, das Verhältnis des Autors zum Inhalt zu verkörpern und gleichzeitig den Zuschauer in dasselbe Verhältnis zu versetzen* [169]. *Panzerkreuzer Potemkin* hat sicherlich einen Feldzug als «Filmkunstwerk» geführt und hat einen Sieg errungen über das bürgerliche Illusionskino. Und wenn sich bürgerliche Kunstkritiker unter dem Eindruck der organischen Wirkung in Lobpreisungen der hervorragenden ästhetischen Schönheit des Films regelrecht überschlagen, dann versuchen sie, was sie immer versuchen, nämlich die Form vom Inhalt zu trennen. (Die Bemühung, einen optimal angemessenen Ausdruck eines Inhalts zum eigenständigen und bestimmenden Faktor der Kunst zu machen, gipfelt im aussichtslosen Versuch des Propagandaministers Goebbels, einen nationalsozialistischen «Panzerkreuzer Potemkin» herstellen zu lassen.) Andererseits aber verhelfen sie durch diese Trennung und die ausschließliche, aber positive Bewertung der Form dem revolutionären Film dazu, als Trojanisches Pferd auch in die kapitalistischen Länder zu kommen. Eben weil aber die Erscheinung nicht das Wesen einer Sache ist, hat es *Panzerkreuzer Potemkin* in den meisten kapitalistischen Ländern dann doch nicht so einfach mit dem Einlaß. In einige Länder mußte er hineingeschmuggelt werden, in anderen wird seine Aufführung von den fortschrittlichsten Teilen der Bevölkerung erkämpft. 1933 wiederholte sich ein dem von 1905 ähnlicher Aufstand auf dem holländischen Panzerkreuzer «Zeven provincien», nach dessen Niederschlagung die *Matrosen vor Gericht bezeugten, daß sie alle den «Potemkin»-Film gesehen hatten* [170]. Eisenstein erlebt das, wovon er als «LEF»-Anhänger geträumt hatte: Kunst, die direkt ins Leben tritt.

Am 18. März 1926 fahren Eisenstein und sein Kameramann Tisse nach Berlin, um Organisationsfragen des Filmwesens in Deutschland zu studieren. Gleichzeitig beteiligten sie sich hier *außerordentlich intensiv an den Bemühungen, Panzerkreuzer Potemkin durch die Klippen der deutschen Zensur zu lavieren* [171]. In der Weimarer Republik ist die Filmzensur in den Händen von Reichsinnen- und Reichswehrministerium ein nicht zu unterschätzendes Machtmittel zur Ausübung der politischen Kontrolle. Die ersten sowjetischen Dokumentar- und Spielfilme, die ab 1921 über die IAH (Internationale Arbeiter-Hilfe) nach Deutschland gelangen, finden als Träger ausführlicher Informationen über das erste sozialistische Land zunehmendes Interesse bei der Bevölkerung und zunehmendes Mißtrauen innerhalb des Staatsapparats. Als nun die deutsche Verleih-Firma «Prometheus» *Panzerkreuzer Potemkin* in Berlin zeigen will, gibt die örtliche Filmprüfstelle auf Betreiben der Reichswehr selbst eine entschärfte Fassung des Films nicht frei. Eisenstein und viele Künstler und Intellektuelle – unter ihnen Kerr, Zille, Liebermann, Feuchtwanger, Becher, Klabund – ergreifen *alle möglichen Maßnahmen … um die öffentliche Meinung – darunter auch Mitglieder des Reichstages – zu einer positiven Haltung gegenüber dem Film zu bewegen und so einen entsprechenden Druck auf die Zensurkommission auszuüben* [172]. Tatsächlich hebt die Berliner Oberprüfstelle am 10. April den Entscheid der ersten Instanz auf: nach dem Filmgesetz kann «einem Bildstreifen wegen seiner politischen, sozialen, religiösen, ethischen oder Weltanschauungstendenzen als solche die Zulassung nicht versagt werden» [173]. Über diesen Beschluß ist die Heeresleitung so erbost, daß sie am 15. April ein Besichtigungsverbot für alle Reichswehrangehörigen erläßt. Und gerade diese Maßnahme trägt nicht wenig dazu bei, daß ein Film, und dies noch vor seiner Aufführung, in Deutschland eine bisher nicht gekannte Popularität erreicht. Bis ins entfernteste Dorf dringt die Kunde vom revolutionären *Panzerkreuzer Potemkin*, durch den «in breitesten Kreisen der deutschen Bevölkerung eine Umsturzstimmung hervorgerufen» [174] würde.

Am 26. April – beim Ablauf ihrer Aufenthaltsgenehmigung – müssen Eisenstein und Tisse in die Sowjet-Union zurück. Drei Tage später findet in Berlin die deutsche Uraufführung von *Panzerkreuzer Potemkin* statt – freilich in der «gemilderten» Fassung, zum Beispiel darf darin nur der Schiffsarzt – als eigentlicher Verursacher des Aufstands – über Bord geworfen werden; die Offiziere bleiben verschont! Das Apollo-Kino in der Friedrichstraße ist bis Ende 1926 mit täglich drei bis vier Vorstellungen restlos ausverkauft.

Nach einer von den Innenministerien einiger deutscher Landesregierungen geführten Hetzkampagne gegen *Panzerkreuzer Potemkin* wird der Film auf ihren Antrag hin am 12. Juli von der Oberprüfstelle erneut verboten. Doch inzwischen ist der Kampf gegen die politische Zensur und für die ungehinderte Aufführung von *Panzerkreuzer Potemkin* zu einem festen Bestandteil der deutschen Arbeiterbewegung geworden, die unter Anleitung der KPD schon vierzehn Tage später die endgültige Freigabe des Films erzwingt.

DER INTELLEKTUELLE FILM «OKTOBER»

Nach Fertigstellung von *Panzerkreuzer Potemkin* plant Eisenstein zunächst einen Film über die revolutionären Ereignisse in China. Grundlage für diesen Film sollen die Augenzeugenberichte Tretjakows – 1927 in dem Buch «Chung Kuo» [Reich der Mitte] zusammengefaßt – sein. Das Projekt wird bald wieder aufgegeben zugunsten eines für die Sowjet-Union aktuelleren Themas: die Kollektivierung der Landwirtschaft, Hauptthema des XV. Parteitags. Gleich nach seiner Rückkehr aus Berlin befaßt sich Eisenstein mit den landwirtschaftlichen Problemen und schreibt am Szenarium zu dem Film, der den Titel *Die Generallinie* tragen soll. Im Juli beginnen die Filmarbeiten, gedreht wird in etlichen Kolchosen und Sowjosen in der Umgebung von Moskau. Im September erhält Eisenstein von Goskino überraschend den Auftrag, einen Jubiläumsfilm zum 10. Jahrestag der Oktoberrevolution herzustellen. Er unterbricht die Arbeit an seinem Kollektivierungsfilm und bereitet nun zusammen mit Alexandrow den neuen Film *Oktober* vor.

Basis des Drehbuchs sind Gespräche mit Revolutionären, die eigenen Erfahrungen im Jahre 1917 und John Reeds literarische Darstellung der Oktoberrevolution in «Zehn Tage, die die Welt erschütterten».

Im März 1927 ist das Drehbuch – diesmal mit sehr detaillierten Regieanweisungen – fertig, und am 17. April fahren Eisenstein und seine «Eisernen Fünf» nach Leningrad zu den Filmaufnahmen. Nach *Panzerkreuzer Potemkin* erwartet man natürlich viel von dem «Genie» Eisenstein; ihm stehen nun ein gewaltiges Aufnahmeteam, das relativ hohe Budget von einer halben Million Rubel und fast die ganze Stadt zur Verfügung: Bei Szenen wie der Erstürmung des Winterpalais – dabei darf mehr Glas zerbrechen als 1917 zerbrochen wurde – regiert er bis zu 11 000 Leningrader, die wie in Zeiten der Massenaufführungen des Proletkult die eigene jüngste Geschichte darstellen. Wenn Eisenstein für die Nachtaufnahmen viel Licht braucht, bleibt es wegen der Stromknappheit in einigen Teilen der Stadt dunkel, und als er Szenen mit der Klappbrücke, die das Stadtzentrum mit den Vororten verbindet, filmt, gerät zeitweise der gesamte Berufsverkehr aus der geregelten Bahn.

Eisenstein arbeitet in *Oktober* fast ausschließlich mit Laiendarstellern – *wir stellen fest, daß normale Leute besser ihre Gefühle auszudrücken vermögen und natürlicher sein können als Schauspieler* [175]. Lenin-Darsteller wird der Lenin äußerlich erstaunlich ähnliche Arbeiter Nikandrow.

Wie bei *Panzerkreuzer Potemkin* gerät das Filmteam bald wieder in Zeitnot – *um die «Zehn Tage»* [176] *herzustellen, braucht man eigentlich mindestens anderthalb Jahre* [177]; oft wird Tag und Nacht und manchmal bis zu 40 Stunden ununterbrochen gearbeitet. Im September drehen Alexandrow und Tisse in Leningrad noch weiter, als Eisenstein schon in Moskau das Gros des belichteten Materials schneidet. Nach Abschluß der Dreharbeiten hat Eisenstein dann 49 000 m Film vor sich, aus denen er die erste Fassung des *Oktober* (mit einer Länge von 3 800 m) montiert, die kurz vor dem Jubiläumsfest fertig wird. In dieser ersten Fassung wird Trotzki in seiner Rolle als einer der Organisatoren des Oktober-Aufstandes und Mitbegründer der Roten Armee dargestellt.

Aus «Oktober»

Gerade in diesen Tagen nun spitzt sich der Konflikt zwischen Trotzki, der schon bald nach der Oktoberrevolution von der Linie des Marxismus-Leninismus abwich, und der Partei zu. Im Oktober 1926 aus dem Politbüro ausgeschlossen, versucht Trotzki jetzt zur Zehn-Jahres-Feier Demonstrationen gegen die Parteileitung zu organisieren. Nachdem Eisenstein mit Stalin und Parteimitgliedern *Oktober* und die politische Situation diskutiert hat, entschließt er sich, alle Szenen, in denen Trotzki auftritt, herauszuschneiden. Eine isoliert betrachtete Darstellung der Funktion Trotzkis 1917 erscheint ihm nicht mehr sinnvoll, zumal sie beim Zuschauer als allgemeine Würdigung mißverstanden werden könnte.

Die erneuten Montagearbeiten sind sehr langwierig, und so bleibt die Jubiläumsfeier ohne Eisenstein-Film; die zweite Fassung von *Oktober*, 2800 m lang, wird erst am 14. März 1928 uraufgeführt.

Der Film beginnt mit der Schilderung der «Beseitigung» des Zarismus – eine Menschenmenge reißt in Moskau die Statue Alexanders III., das Symbol der Selbstherrschaft, vom Sockel. An der Front verbrüdern sich die russischen Soldaten mit feindlichen Truppen. Doch die Hoffnung des Volkes auf Brot, Friede und Land wird bald enttäuscht: die provisorische Regierung erledigt weiterhin die Geschäfte des Kapitals, also wird auch der Krieg fortgesetzt. Im April kehrt Lenin aus der Schweiz nach St. Petersburg zurück; der riesigen Menschenmenge, die ihn am

Bahnhof empfängt, ruft er zu: «Nieder mit der provisorischen Regierung! Alle Macht den Sowjets! Es lebe die sozialistische Revolution!»[178] Im Juli veranstalten die Bolschewiki – für einen Aufstand ist es noch zu früh – in Petersburg eine friedliche Demonstration; die Regierungstruppen schießen auf die Menschenmenge und lassen die Klappbrücke über die Newa öffnen, um das Stadtzentrum von den Arbeitervierteln abzuschneiden, das Hauptquartier der Bolschewistischen Partei wird überfallen und geplündert und viele Bolschewiki werden verhaftet – Lenin muß erneut in die Illegalität, er flieht nach Finnland. Inzwischen richtet sich der neue Ministerpräsident der provisorischen Regierung im Winterpalais des Zaren ein.

Im September marschiert General Kornilow mit der «Wilden Tata-

Das Symbol der Autokratie wird beseitigt

rendivision» und englischen Panzern – auf Petersburg für die Monarchie. Die Regierung ist machtlos, doch die Bolschewiki bewaffnen sich und stellen sich den Putschisten entgegen. Die «Wilde Division» verbrüdert sich mit den revolutionären Arbeitern und Soldaten und Kornilow wird verhaftet. Jetzt beginnt der Petersburger Sowjet mit den Vorbereitungen zum bewaffneten Aufstand. Lenin kehrt zurück, und unter seinem Vorsitz beschließt das ZK der Bolschewistischen Partei, am 25. Oktober während der Tagung des Allrussischen Sowjetkongresses die Macht zu übernehmen. Im ehemaligen Lyzeum Smolnij organisiert die Partei den Generalstab für den Aufstand. Am Morgen des 25. Oktober erhalten die Revolutionäre Verstärkung durch den Panzerkreuzer «Aurora». Die Newa-Brücke wird wieder geschlossen. Kerenski bittet vergeblich um die Unterstützung des sich neutral verhaltenden Kosakenregiments; im Wagen der US-Botschaft flieht er. Das Winterpalais wird nun von Kadetten und einem Frauenbataillon bewacht. Auf dem Sowjetkongreß versuchen Menschewiki und Sozialrevolutionäre (Kerenskis Partei) abzuwiegeln, doch bei der Wahl zum neuen ZK erhalten die Bolschewiki die Mehrheit, und von der Front zurückgekehrte Garnisonen und Bataillone schließen sich ihnen an. Nun besetzen die Revolutionäre alle strategisch wichtigen Punkte der Stadt und umstellen das Winterpalais. Die Schüsse der «Aurora» auf das Palais sind das Signal zum Angriff. Die Verteidiger sind schnell überwältigt. Die aufständischen Massen dringen in den Palast der 1100 Räume. Die zurückgebliebenen Minister werden verhaftet. Am Ende des Films zeigen verschiedene Zifferblätter mit verschiedenen Weltzeiten die Stunde der Revolution und Lenin verkündet auf dem Sowjetkongreß: «Die Arbeiter- und Bauernrevolution ist vollendet.»[179]

Auch in *Oktober* gibt es wieder Szenen mit ausgesprochenem Attraktions-Charakter: Feine Damen und Herren der Bourgeoisie schlagen mit ihren Sonnenschirmen und Spazierstöcken auf einen jungen Bolschewiken ein und werfen ihn zu Boden – es folgen Bilder von Füßen, die den leblosen Körper treten, im Wechsel mit Bildern von den lachenden Gesichtern der befriedigten Zuschauer.[180] Als von Kornilows Anmarsch die Rede ist, läßt Eisenstein als Zeichen der möglichen Restauration des Zarismus die Szene der Demontage des Alexander-Denkmals rückwärts laufen, Alexander sitzt wieder auf dem Sockel. Die effektvollste «Attraktion» ist gewiß die Brückenszene. Nach der Juli-Demonstration sind der Newski-Prospekt und die Newa-Klappbrücke mit Leichen übersät; ein verletzter Schimmel, der eine Kutsche zieht, schleppt sich auf die Brücke und bleibt dort regungslos liegen. Auf Befehl der Regierung wird die Brücke geöffnet. Langsam heben sich die beiden Flügel empor. Die Leiche eines Mädchens mit langem blondem Haar liegt – ebenso wie Pferd und Kutsche – genau auf der Nahtstelle der beiden Brückenflügel. Diese heben nun das Mädchen und das Gespann in die Höhe, das lange Haar flattert im Wind, die Kutsche bleibt an einem Flügel hängen, und der Schimmel schwebt über dem Abgrund. Alle Menschen-Leichen rutschen herunter, und wenig später stürzt das Pferd in die Tiefe. Erfreut beobachten Bürger und Offiziere das Schauspiel, und während die Leichen rollen, werfen sie bündelweise «Prawda»-

Ausgaben und bolschewistische Flugblätter in den Fluß.

Die geöffnete Brücke mit ihren *gigantischen Flügeln ... die sich wie die Arme eines Ertrinkenden zum Himmel emporstrecken,* ist für Eisenstein ein *Symbol der Trennung des Stadtzentrums von den Arbeitervorstädten,* und später wird die Brücke *zum Symbol zweier Hände, die sich einander entgegenstrecken und zu einem festen Druck vereinen. Das Bild der Brücke wird zum strukturellen Gerüst für den Aufbau eines ganzen Films* [181].

Der Bewegungsablauf der sich in die Vertikale hebenden Brückenflügel wird stark gedehnt und wie bei der Odessaer Treppe von allen nur möglichen Aufnahmepunkten und in wechselnder Aufnahmegröße gefilmt – «dieses Vermögen, jedes Material bis zur äußersten Grenze auszunutzen, ist sehr charakteristisch für die besondere Meisterschaft Eisensteins» [182]. Die bewußte Verzerrung der natürlichen Zeit- und Raumwahrnehmung dient der Steigerung der emotionalen Wirkung.

Die enge Verbindung von Attraktionscharakter und deutlichem Symbolwert kennzeichnet in Eisensteins Filmverständnis den Übergang von der Theorie der Attraktionsmontage zur Theorie der Montage des «in-

Bourgeois, der die Mißhandlung eines Bolschewiki beklatscht (aus «Oktober»)

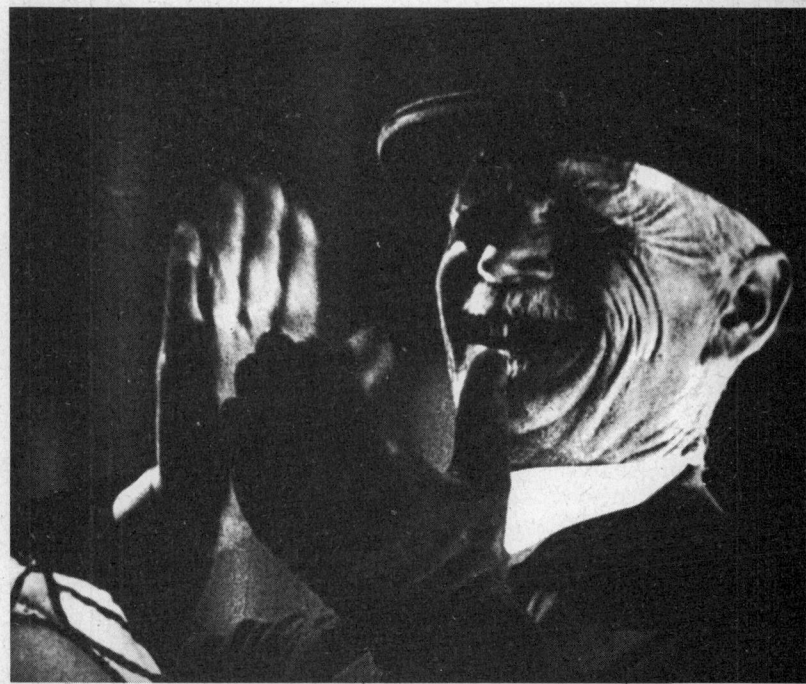

Die Newa-Brücke (aus «Oktober»)

tellektuellen Films». Diese Theorie des «intellektuellen Films» ist das frühe Stadium einer Filmsyntax, an der Eisenstein seit *Panzerkreuzer Potemkin* intensiv arbeitet. *Oktober* bietet ihm die Möglichkeit, seine neuen Vorstellungen von Film – die vor allem von der Löwen-Sequenz in *Panzerkreuzer Potemkin* her abgeleitet bzw. weiterentwickelt worden sind – in der Praxis zu erproben.

Zwischen *Panzerkreuzer Potemkin* und *Oktober* konzentrieren sich Eisensteins filmwissenschaftliche Studien und Auseinandersetzungen auf die Montage. 1926 streitet er mit dem Filmtheoretiker Béla Balázs über Bedingungen und Möglichkeiten der Filmmontage. (Eisenstein widersetzt sich Balázs' Auffassung von der Bedeutung der isolierten Einstellung als eigentlichem Träger von Form und Fabelinhalt; für ihn hat die Einstellung nur als Teil einer Einstellungszusammenstellung, deren

Wsewolod I.
Pudowkin

Ergebnis erst den *Ausdruckseffekt des Films* schafft, eine sinnvolle Funktion.) Eine Auseinandersetzung über die richtige Montagekonzeption auf einer mehr öffentlichen und praktischen Ebene führt Eisenstein in dieser Zeit mit seinem Regiekollegen Pudowkin. 1926 drehte Pudowkin den sehr erfolgreichen Film «Mutter», und nun stellt er zur selben Zeit wie Eisenstein einen Film über die Oktoberrevolution her: «Das Ende von St. Petersburg». Ganz im Gegensatz zu Eisensteins Montagekonzeption versteht Pudowkin unter Montage vor allem die logische Aneinanderreihung der Einstellungen vom Standpunkt eines schnellen Betrachters aus. Eisenstein schreibt über ein Streitgespräch zwischen Pudowkin und ihm: *Demonstrativ verteidigt er ein Konzept von Montage als Verbindung von Einzelteilen zu einer Kette. Wieder die Auffassung von «Bausteinen». Einzelne Steine, die durch Aneinanderreihung eine Idee entwickeln sollen. Ich stellte ihm meinen Standpunkt von Montage als Kollision gegenüber, die Auffassung, daß aus dem Zusammenstoß zweier gegebener Faktoren ein Begriff entsteht.*[183]

Überhaupt unterscheiden sich Eisenstein und Pudowkin in ihren Filmmethoden. Vor allem in der Frage, wie man im Film einen bestimmten Inhalt adäquat und mit größtmöglicher Wirkung auf den Zuschauer ausdrückt, sind sie gegensätzlicher Auffassung. Pudowkin hatte sich schon früh von Exzentrik, Bewegungskult und den Formexperimenten der futuristisch orientierten Filmschulen losgesagt und gehörte zu den ersten Regisseuren der neuen Generation, die auf das klassische Erbe

67

der Literatur und des Theaters und ihre entsprechenden Erzählweisen zurückgreifen. Pudowkin verzichtet in seinen Filmen weder auf die Fabel noch auf den individuellen Helden, er arbeitet vorwiegend mit Berufsschauspielern und richtet sich dabei nach der Darstellungsmethode Stanislawskis.

Dem französischen Filmwissenschaftler Léon Moussinac, der Pudowkins Filme mit einem Gesang und Eisensteins Filme mit einem Schrei verglich[184], gesteht Eisenstein 1928 in einem Brief, daß er und Pudowkin einen ehrgeizigen Kampf darum führen, der Beste zu sein. Er schreibt: *Ich habe große Achtung vor seinem Werk, aber ich möchte ihm in keiner Weise ähnlich sein.*[185] Als beide an ihrem Oktober-Film drehen, gilt Eisenstein offiziell gewiß als der bessere, denn gegenüber Pudowkin genießt er bei den Dreharbeiten alle Vorrechte.

Später erkennen die beiden Kontrahenten bei allen Unterschieden ihre Gemeinsamkeiten, Gleichwertigkeiten oder gegenseitigen Überlegenheiten in der Anwendung der Regiemittel; sie verabsolutieren nicht ihre Filmtheorien, sondern lernen voneinander, wobei es nicht um die Übernahme individueller Eigenheiten von Künstlerpersönlichkeiten geht, sondern um Annäherung an Methoden der historisch jeweils richtigen und notwendigen Wege der Filmkunst. Doch 1927 stehen sich in den beiden Oktober-Filmen das prinzipielle «Einstellung an Einstellung» und das prinzipielle «Einstellung gegen Einstellung» scheinbar unversöhnlich gegenüber, und Eisenstein treibt seine Kollisionsmethode in Form der Montage des «intellektuellen Films» auf die Spitze. Die Nichtigkeit Kerenskis demonstriert Eisenstein dadurch, daß er ihn zu seinen «ansteigenden» Rangbezeichnungen die große Treppe im Winterpalais aufsteigen, aber immer denselben Weg gehen läßt. Und im Zusammenhang mit der als Untertitel eingeblendeten Parole Kornilows «Mit Gott und Vaterland» *die überall gleiche Vorstellung einer Gottheit, hinter der sich nichts verbirgt*[186] anzugreifen, vergleicht Eisenstein bzw. setzt er gleich die Bilder einer reich vergoldeten barocken Christusstatue mit denen eines holzklotzartigen Eskimogötzen und montiert dazwischen als Ausdruck der Gleichheitszeichen indische, japanische und afrikanische Gottheitsbildnisse. *Die plastischen Glieder flossen beinahe ineinander ... Und der Sinn des Ganzen* (der Gedanke *der feierlichen allgemeinen Hochschätzung und seine gleichzeitige Leere*) *rief unwiderstehlich Gelächter hervor! ... Eine Idee auf emotionell ergreifende Art darstellen ... das wollte schon der alte Goethe.*[187] *Die These, die ich mit rein filmischen Mitteln zu verkünden vermochte, ist durch und durch logisch, abstrakt, ja, wenn man will, intellektuell ... Im selben Grade, in dem eine emotionell wirkende «Montage von Attraktionen» möglich ist ... kann man sich demnach eine inellektuelle Attraktion denken. «Die intellektuelle Attraktion»! Ihr Geburtsjahr ist 1928.*[188]

Hat die gestaltende Parallelmontage in *Streik* und *Panzerkreuzer Potemkin* mehr emotionellen, so hat sie in *Oktober* mehr gedanklichen Charakter. Um Eitelkeit, Arroganz und Herrschsucht Kerenskis aufzuzeigen, montiert Eisenstein eine Pfauenfigur mit Kerenskis Gesicht und eine Napoleon-Büste mit Bildern von Kerenski in Napoleon-Positur, wie weit dieser Napoleon-Kerenski vom Willen des Volkes entfernt ist symbolisiert sein beiläufiger Blick auf ein Schachbrett, auf dem die Bauern fehlen. Die Reden schwingenden Menschewiki auf dem 2. Rätekongreß werden mit harfe- und balalaikaspielenden Händen zusammengeschnitten – als *bildhafter Ausdruck der honigsüßen Reden des menschewistischen Opportunismus* [189].

Die Kritik nimmt *Oktober* sehr unterschiedlich auf, wobei die negativen Urteile überwiegen. Manche Kritiker loben die Dynamik des Films und entdecken in ihm sogar das revolutionäre Pathos von *Panzerkreuzer Potemkin*. Andere – insbesondere Parteimitglieder – tadeln seine Massenfeindlichkeit, das heißt vor allem seine schwer verständliche Symbolsprache. Der Hauptvorwurf der Kritiker gilt der Überbetonung von Nebensächlichkeiten; die Rolle der Bolschewiki bei der Planung und Durchführung des Umsturzes komme zu kurz, Eisenstein ziehe eine breite Schilderung der Erstürmung des Winterpalais einer ausreichenden Darstellung der Revolutionsvorbereitungen vor, und dabei kämen dann auch noch Statuen allzuoft ins Bild.

Der sowjetische Kritiker Anisimow schreibt: «Es wurden viele Fakten zusammengetragen, aber sie sind rein äußerlich und formal behandelt worden, ohne ihr Wesen zu zeigen. Daher ist der Film in seinem Äußeren dynamisch, aber in seinem Innern statisch. Die Oktoberrevolution wurde nicht als ein Kettenglied im historischen Prozeß dargestellt.» [190] – Zumindest in der Gestaltung ist *Oktober* das genaue Gegenteil von *Panzerkreuzer Potemkin*. Eisenstein schwankt zwischen zu vielen Darstellungsarten, das Durcheinander erschwert die Rezeption des Films erheblich. Aber wesentlicher als dies ist gewiß die Tatsache, daß Eisensteins früheres Verhältnis zur Revolution in *Oktober* durchschimmert: Zehn Jahre davor hatte der junge Eisenstein die Revolution betrachtet als Möglichkeit, Künstler zu werden, mit der Kunst zu experimentieren und sie zu revolutionieren. Nun genießt er es, Künstler zu sein. Abgehoben vom tatsächlichen Lernbedürfnis der sowjetischen Zuschauermassen, nämlich geschichtliche Prozesse durch klare Zusammenfassungen des Wesentlichen kennenzulernen, nutzt er die Darstellung der Revolution hauptsächlich für Experimente mit seinen Kunstideen. In seinen Erinnerungen kritisiert Maxim Schtrauch den Freund: «Er war derart von der Suche nach neuen Ausdrucksmitteln begeistert, daß er manchmal darüber den Zuschauer vergaß. So war es nach meiner Ansicht beim *Streik*, so war es später auch bei *Oktober* der Fall. Er häufte auf das einfache Publikum eine so ungeheure Dosis von visuellen Eindrücken, daß es Mühe bereitete, sie zu verdauen.» [191]

Eisenstein beurteilt *Oktober* sehr kritisch. *Der «Potemkin» hat etwas von einem griechischen Tempel, «Oktober» ist eher ein barocker Film* [192], sagt er 1928 zu einem spanischen Journalisten. Und in einem Brief an Moussinac schreibt er, daß *Oktober* ein *exotisch-emotionaler Film* und *die dialektische Verleugnung von «Potemkin» sei; bei der Montage war mein Kopf so voll von Zelluloid, daß sich in mir alles drehte bei der bloßen Erwähnung des verhaßten Wortes: Film . . . Meine Experimente, die selten richtig eingeschätzt worden sind . . . haben in diesem Fall genügt, um die Struktur des Werkes als Einheit zu zerstören.* [193]

Gottheiten . . . («Oktober»)

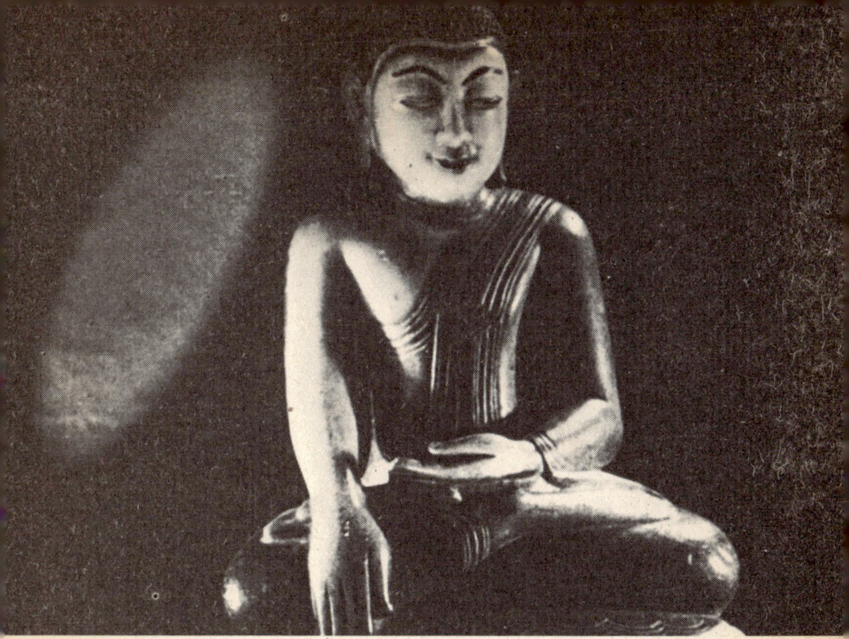

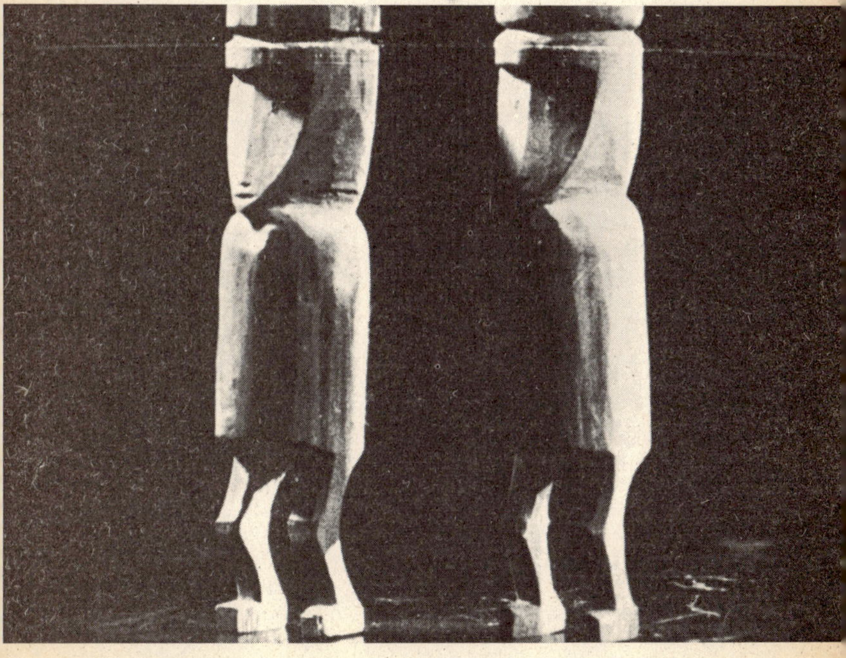

Kerenski auf der Treppe im Winterpalais («Oktober»)

So sehr Eisenstein *Oktober* als Ganzes auch für mißlungen hält: die Prinzipien des «intellektuellen Films» behalten für ihn zunächst ihre volle Gültigkeit; die Beispiele der «intellektuellen Montage» in *Oktober* sollen ihm *als Leiter zu einer ganz anderen Art des Kinos* dienen... *Ich denke, ich bin jetzt soweit, mein ganzes System umzuwälzen. Sowohl thematisch als auch von der Form her. Ich glaube, wir werden den Schlüssel zur reinen Kinematographie jenseits des Spielfilms finden, genauer gesagt, im Film als Wochenschau wie auch im Film als Film. Und diese Kinematographie wird – was eigentlich sehr amüsant ist – von ihrem Wesen her ideologisch sein, weil ihr Material die visuelle Darstellung des ... B e g r i f f s sein wird.*[194]

Wie damals «LEF» für die «Montage der Attraktionen», wird nun Lunatscharskis Zeitschrift «Iskusstwo» zum Sprachrohr der neuen Theorie Eisensteins, und seine Begeisterung ist so groß, daß er in dem Manifest mit dem Titel *Perspektiven* in *einer unbegründeten Verallgemeinerung* den «intellektuellen Film» zum *Film der Zukunft*[195] macht. Es heißt dort: *Dem Dualismus der Bereiche des «Gefühls» und des «Verstandes» muß die neue Kunst ein Ende setzen. Der Wissenschaft muß ihre Sinnlichkeit, dem intellektuellen Prozeß sein Feuer und seine Leidenschaft zurückgegeben werden ... Das intellektuelle Kino kann und muß Themen wie «rechte Abweichung», «linke Abweichung», «dia-*

lektische Methode», «Taktik des Bolschewismus» usw. bewältigen. Nicht nur in der Form charakteristischer «Episödchen» und Episoden, sondern in der Darlegung ganzer Systeme und Bgriffssysteme.[196] Der rein intellektuelle Film... kann zur SYNTHESE VON KUNST UND WISSENSCHAFT werden.[197]

Diese Vorstellung, ein ganzes System von Filmen zu schaffen, die fähig sind, die Abstraktion einer These unmittelbar auf emotioneller Ebene aufblühen zu lassen, führt Eisenstein wieder hin zu den Grundlagen der Abstraktion, von denen er bei der Bildung seiner Theorie ja auch ausgegangen war: zu Karl Marx – durch den es der Wissenschaft gelang, das Chaos einzelner, für eine Erscheinung charakteristischer Züge zur Verallgemeinerung zu abstrahieren[198]: Eisenstein beabsichtigt, «Das Kapital» zu verfilmen. Geplant sind in China, Amerika und Europa spielende Episoden, die aufgeteilt sind in einzelne Kapitel mit Schwerpunkten wie Dialektik des Geschichtsprozesses, Dialektik der Naturwissenschaft und Dialektik des Klassenkampfs. «Das Kapital» als Film-Traktat... soll den Arbeiter lehren, dialektisch zu denken[199].

Zwar werde ich erst nach einem oder anderthalb Jahren dazu kommen, da dieses Gebiet noch völlig unberührt ist. Ich werde auch erst einmal viel herumskizzieren müssen, bevor ich den Versuch unternehmen kann, an dieses enorme Thema angemessen heranzugehen.[200]

Wie Harfen: «honigsüße Reden» («Oktober»)

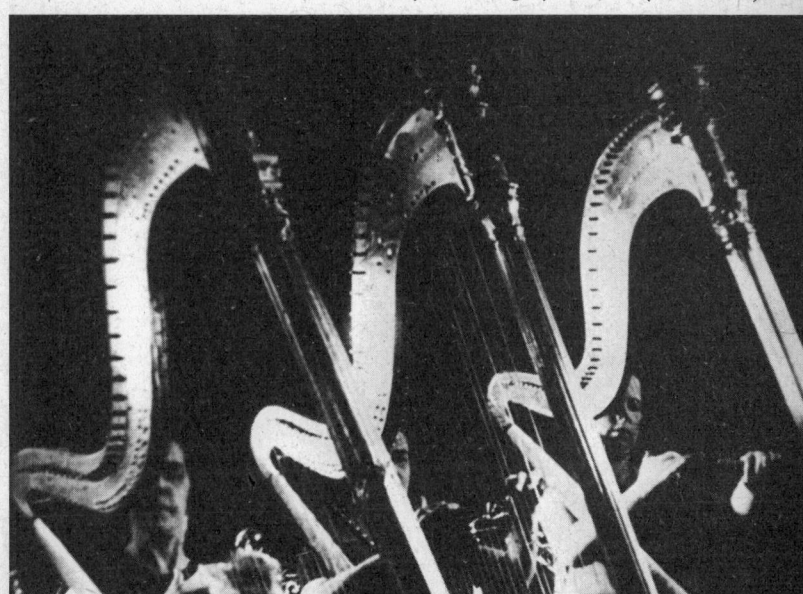

Über die Vorarbeiten kommt das «Kapital»-Projekt jedoch nicht hinaus. Anfang der dreißiger Jahre gibt Eisenstein diesen Filmplan auf, zusammen mit seiner Theorie vom «intellektuellen Film»: als er nämlich erkennt, daß das, was einer Entwicklung des «intellektuellen Films» im Wege steht, der «lebendige Mensch» ist. Nicht hieroglyphenartige Bilder oder Begriffe in einer besonderen Filmsprache, sondern nur «Menschen aus Fleisch und Blut» vermögen unmittelbar emotionell und intellektuell auf den Zuschauer einzuwirken.

Von Geld ist die Rede, von wem noch?

Es gab Gelächter und Beifall . . .

. . . und ein neuer Regen von Geldstücken prasselte auf die Bühne. – So beschrieb ein Mann seinen ersten öffentlichen Auftritt – als Fünfjähriger auf einer Bühne in England. Drei Jahre später, nach bitterer Zeit im Armenhaus, bekam der Achtjährige seinen ersten Bühnenvertrag, als Holzschuhtänzer. Von da an schlug er sich allein durchs Leben, als Zeitungsverkäufer, Drucker, Spielzeugmacher, Glasbläser und Laufbursche. Mit 12 Jahren erhielt er sein erstes Engagement als Schauspieler, mit 17 Jahren verdiente er genug, um sich eine gute Wohnung in London leisten zu können. «Ich hatte den Ehrgeiz, Konzertmusiker zu werden», schrieb er später, und so übte er täglich stundenlang auf der Geige, deren Saiten für den Linkshänder verkehrtherum aufgezogen waren.

Er war noch nicht 25 Jahre alt und verdiente 75 Dollar pro Woche, als er auf einer Amerika-Tournee ein 150-Dollar-die-Woche-Angebot bekam und es sofort annahm. Ein Jahr danach bekam er 1250 Dollar pro Woche, im folgenden Jahr bereits 10 000 Dollar, und wieder nur ein Jahr später konnte ihn sein Bruder beglückwünschen: «Jetzt gehörst du in die Klasse der Millionäre.» Er hatte erfüllt, was er bei seiner Ankunft in den USA lauthals versprochen hatte: «Amerika, ich komme, dich zu erobern! Jeder Mann, jede Frau und jedes Kind werden meinen Namen auf den Lippen führen!»

Aber die Geschichte «vom Laufburschen zum Millionär» hatte vor dem endgültigen Happy-End auch ihre Schattenseiten: Politische Verfolgung und Eheskandale vertrieben den Mann aus seiner Wahlheimat. «Mein ganzes Vermögen befand sich in den Staaten, und ich hatte die größten Befürchtungen, man könne Mittel und Wege finden, es zu konfiszieren», klagte er. Aber so weit kam es nicht. Viele Jahre später wurde er rehabilitiert. Übrigens: Er hat an 88 Filmen mitgewirkt und erhielt den ersten Oscar der Geschichte. Von wem war die Rede?
(Alphabetische Lösung: 3–8–1–16–12–9–14)

«DAS ALTE UND DAS NEUE»

Im Juni 1928 nimmt Eisenstein die Arbeit an *Die Generallinie* wieder auf. Seit September 1926 hat sich jedoch die Situation in der Landwirtschaft geändert – die Agrarrevolution ist inzwischen erheblich vorangeschritten. Eisenstein dreht die Hauptteile des Films neu, vom früheren Material übernimmt er nur die Schilderung der Mißstände. Aber auch Eisensteins Auffassung vom Film hat sich inzwischen in wesentlichen Punkten geändert. In einem Brief an Moussinac beklagt er die bedrohliche Tendenz zu künstlerischer Selbstzufriedenheit und Klassizität im sowjetischen Film: *Wir sind keine Rebellen mehr. Wir werden allmählich faule Priester. Ich habe den Eindruck, daß der gewaltige Atem des Jahres 1917, der unser Kino hervorbrachte, abflaut ... Wir werden klassizistisch ... Es schreckt mich, zu sehen, wie aus unserer «Avantgarde» eine stur manieristische Kunstakademie wird ... Hat denn die Art, in der wir unsere Filme drehen, noch etwas mit Bolschewismus zu tun?* [201]

Eisenstein hat aus den Fehlern von *Oktober* gelernt. *Die Generallinie* soll an das sowjetische Publikum gerichtet sein, alle Zuschauer sollen diesen Film verstehen. Eisenstein beginnt zu erkennen, daß sein intellektueller Film nur ein Film für Intellektuelle wird. Der sowjetische Film verkommt zu einer feierlichen Erinnerungsstätte, zu einem Kultmedium, wenn Filmleute wie er der Revolution nur weiterhin staunend und bewundernd gegenüberstehen. Während der Arbeit an *Die Generallinie* sieht Eisenstein für sich und überhaupt für den sowjetischen Film den Beginn der dritten Etappe: Jene, die *durch eine rein theoretische Analyse zur Revolution gefunden hatten* [202], beginnen nach *der Entdeckung dieser revolutionären Wirklichkeit ... diejenige sozialistische Wirklichkeit zu entdecken, an deren Aufbau sie mit gleichen Rechten und Pflichten teilnahmen* [203], und indem sie sich als Teil der revolutionären Masse begreifen, sehen sie auch eben diese revolutionäre Masse differenzierter.

Da ein Film über die Kollektivierung der Landwirtschaft als Teil des sozialistischen Aufbaus naturgemäß eine genauere Darstellung der Masse verlangt als Filme über Streiks und revolutionäre Bewegungen in frühen Phasen des Klassenkampfs, löst sich Eisenstein auch prinzipiell von der ausschließlichen Masseninszenierung und Typisierungsmethode und geht einen Schritt in Richtung auf Held und Sujet zu, um nicht *bei einem äußerst allgemein bleibenden Begriff des Massenhelden* stehenzubleiben. Nach der berechtigten *einseitigen Demonstration von Masse und Kollektiv* zu Beginn des sowjetischen Films kommt in der folgenden Etappe *«Individualität innerhalb eines Kollektivs» als Bedürfnis und Forderung ... auf,* denn *Kollektivismus* bedeutet *neben grundsätzlicher Gemeinsamkeit auch noch größtmögliche Entfaltung der Individualität im Kollektiv ... Und so wie durch die einzelne Individualität hindurch die Klasse bzw. die Wechselbeziehungen des einzelnen Menschen zu ihr sichtbar und wahrnehmbar gemacht werden müssen, so muß und kann auch die einem Gegenstand adäquateste Bauform – das Sujet – in einem individuell besonderen Ereignisverlauf das all-*

Um 1928

gemeine Wesen der sich in Bewegung befindlichen sozialen Kräfte vorstellen und verkörpern. Sujet und Fabel, die in einer bestimmten Etappe beinahe als ein Anschlag des Individualismus auf die revolutionäre Filmkunst galten, kehrten in erneuter Form auf ihren angestammten Platz zurück.[204]

1926 hatte Eisenstein an einem dokumentarischen Lehrfilm über die auch nach der Revolution noch sehr schlechte Lage in der Landwirtschaft und an die Notwendigkeit ihrer Mechanisierung und Kollektivierung gedacht. Nun aber soll *Die Generallinie* die inzwischen erreichten Erfolge in der Durchführung der Agrarrevolution darstellen – an Hand der Geschichte einer jungen Bäuerin, die durch ihren vorbildlichen Einsatz die Mitbewohner ihres Dorfes von der Richtigkeit der Kollektivwirtschaft überzeugt und ihnen das in der Zeit der Knechtschaft verlorene Vertrauen in die eigene Kraft zurückgibt.

Die Verwendung von Einzelhelden bedeutet für Eisenstein noch nicht den Verzicht auf Laiendarsteller; wichtiger als die subtil ausgedrückte Entwicklung einer Rolle ist ihm nach wie vor der Typ – und so sucht er denn auch im ganzen Land nach einer geeigneten Hauptdarstellerin. In Konstantynow findet er die richtige Person, die Bäuerin Marfa Lapkina. Das Filmteam dreht in Rostow am Don, im Kaukasusgebiet bei Baku und nahe der persischen Grenze. Nach Abschluß der Außenaufnahmen im August kehren Eisenstein und seine Mitarbeiter nach Moskau zurück; im November sind die Studioaufnahmen beendet, und an der Montage arbeitet Eisenstein dann noch bis April 1929. Die Parteileitung sieht sich eine Rohfassung von *Die Generallinie* an und rät Eisenstein, noch Aufnahmen von einer Sowchose in den Film einzubauen, um jedem Zuschauer die allmähliche Aufhebung der Grenze zwischen Stadt und Land deutlich vor Augen zu führen. Für einige Wochen reist Eisenstein noch einmal durch den Nordkaukasus und die Ukraine, um einige zusätzliche Szenen zu drehen. Und erst jetzt macht er eine für die Arbeit an diesem Film entscheidend Erfahrung: *... mit eigenen Augen habe ich gesehen, was «Aufbau des Sozialismus» heißt. Nichts könnte bewegender und heroischer sein! Die riesigsten Gebiete bebaut von den neuen Kollektiven (in diesem Jahr gegründet). Die gewaltigsten Fabriken werden hochgezogen. Ich ging durch Orte, wo vor drei Jahren nichts als unendliche Flächen existierten ... Es verschlug mir die Sprache! Eine gigantische Zukunft!* [205] – Im Juli ist der Film endgültig fertig. Noch vor der Uraufführung am 7. Oktober wird sein Titel in *Das Alte und das Neue* geändert. Tatsächlich geht es im Film weniger um direkte Einflußnahme der Partei auf die Landwirtschaftsstruktur oder die allgemeine Durchführung der Generallinie als vielmehr um die Entfaltung der Eigeninitiative der Kleinbauern und um den krassen Gegensatz zwischen den Restbeständen der alten Feudalordnung einerseits und der neuen Kollektivwirtschaft andererseits: Ein altes russisches Dorf. Noch halten Einzelwirtschaft, Konkurrenz untereinander, die Erbsitte «wenn Brüder sich trennen ... teilen sie die Wirtschaft in zwei Hälften»[206], religiöser Glaube und die Macht der Kulaken die Kleinbauern in größter Armut. Während der reiche Kulak faul im Bett liegt, müssen sich Bauern, die kein Zugtier mehr besitzen, selbst vor den Pflug spannen. «Unmöglich, so weiter zu leben!»[207] Die junge Bäuerin Marfa Lapkina ergreift die Initiative und gründet mit drei Dorfbewohnern eine Molkereigenossenschaft. Marfa: «Unmöglich getrennt voneinander zu leben! Wir müssen uns vereinigen!»[208] Durch Marfas unermüdlichen Einsatz und die Hilfe eines Agronomen wird die Genossenschaft schnell größer. Aus der kleinen Molkereigenossenschaft wird eine große Zuchtgenossenschaft. Bei den noch schwerfällig arbeitenden Behörden in der Stadt setzt Marfa als Delegierte des Dorfes die Anschaffung eines Traktors für die Kolchose durch. Als die von einigen Alten noch mißtrauisch betrachtete Maschine die Leistung des Fortschritts demonstriert, sind auch die letzte Einzelbauern des Dorfes von der neuen Wirtschaftsform überzeugt.

Der Film konzentriert sich auf die Darstellung der Produktivkraftentwicklung, vernachlässigt aber dabei die Bedingungen für deren sozialistische Form, zumal die Kollektivwirtschaft als Organisationsform noch keine Garantie für den Sozialismus ist. Die Bedeutung der Partei wird nicht gezeigt. Wenig herausgearbeitet wird auch die tatsächliche Macht der Kulaken zu diesem Zeitpunkt. Eisenstein setzt als Grundbedingung für die Produktivkraftentfesselung den prinzipiellen Sieg über das Kulakentum voraus und beschränkt sich daher auf die Darstellung der Kulaken als einer Klasse, die die gesellschaftliche Entwicklung zwar hier und da noch stören, aber nicht mehr aufhalten kann. Im Vordergrund steht der Kampf zwischen alter und neuer Produktionsweise und alten und neuen Produktionsmitteln. Im Kampf dieser Gegensätze und in dem Maße, wie das Neue siegt, entwickelt sich das Bewußtsein der Landbevölkerung. Danach wird der Kampf auf höherer Ebene fortgesetzt – zwischen alter und neuer Weltanschauung.

Gegensätze und Formen der Entwicklung hält Eisenstein in einprägsamen Bildern fest. Überblendungsaufnahmen zäunen ein großes Feld in immer kleinere Teile ein; demgegenüber stehen Szenen vom kollektiven Grasmähen auf dem Feld ohne Zäune; gemäht wird zunächst noch mit der Sense. Aber schon kommt zur Kollektivierung die Mechanisierung: besser als die schnellsten Schnitter des Dorfes zusammen ist die Mähmaschine.

Hauptkennzeichen des Fortschritts sind im Film die Milchzentrifuge und der Traktor, Hauptkennzeichen der ausreichenden Fruchtbarkeit der Erde bei richtiger Nutzung der Zuchtbulle Fomka. Die zentrale Bedeutung dieser drei Symbole wird durch außergewöhnliche Szenen hervorgehoben: In einer surrealen Traumszene erscheint über einer Rinderherde ein riesiger Bulle am Himmel; aus den Wolken ergießen sich Ströme von Milch über das Land und machen es fruchtbar. Am nächsten Tag wird der Traum «Wirklichkeit». Marfa kauft einen Zuchtbullen. Als dieser herangewachsen ist, richten ihm die Dorfbewohner eine Hochzeit aus. Buntgeschmückt läuft er auf seine Braut zu. Im Moment der Paarung erscheinen auf der Leinwand Bilder von schäumenden Meereswellen, Wasserfällen und einem Feuerwerk; schließlich sieht man eine Herde Kälber. – Die Aufnahmen von der Fahrt des Traktors und seiner Wagenkette gehen über in die Schlußszene, die große Parade der Traktoren.

Bauern als Zugtiere («Das Alte und das Neue»)

Die zentrale Szene des Films überhaupt ist die Erprobung der Zentrifuge. Die Genossenschaft stellt den Mitbewohnern des Dorfes die Maschine vor, die Butter erzeugen soll. Mißtrauische, gespannte Gesichter.
«Betrügerei oder Vorteil? Es wird dick! Oder? Wird's ... Nein? Es
wird dick! Es wird dick!»[209] Eine schnelle Montage von fröhlichen Gesichtern mit Details der Zentrifuge mündet in Bilder eines Springbrun-
nens. Die Probe ist bestanden. Mit Mitteln, die in *Panzerkreuzer Potemkin* das revolutionäre Pathos ausdrückten, versucht Eisenstein hier ein
Pathos des sozialistischen Aufbaus zu schaffen. In *Das Alte und das
Neue mußten wir ein tiefes und leidenschaftliches Gefühl, Hingabe und
Begeisterung für Dinge entwickeln, die im gewöhnlichen Leben keine
Begeisterung hervorrufen.*[210] ... *Nicht als Gegenstand ist sie (die Zentrifuge) wichtig, sondern als das, was sie bedeutet, repräsentiert: ein Moment
im Bewußtsein der Bauern, ein totaler Umschwung der Existenzbedin-
gungen, die Umwandlung der angestammten Lebensweise.*[211] In eben
dieser Bedeutung setzt Eisenstein die Zentrifugen-Szene in Gegensatz
zu einer kirchlichen Bittprozession um Regen in einer Trockenzeit. Wie
man dort auf den Rahmtropfen wartet, flehen hier zu religiöser *Ekstase*
sich steigernde Gläubige und vor Durst blökende Schafe um die so nöti-

gen Regentropfen; der Pope zieht alle Register seiner Kunst, doch seine
Mühe wird nur mit den wenigen Tropfen einer flüchtigen Wolke be-
lohnt. Eine Nahaufnahme genügt, um die Scheinheiligkeit des Geistlichen
zu entlarven: das von Gebetsvertiefung kurz zur Schar der Gläubigen
aufschauende, prüfende Auge – der verschlagene Blick eines Bauernfän-
gers. Verrechnet! Der Untertitel «Verraucht war die zufällige Wolke. Betrügerei?» findet im «Betrügerei... oder... Vorteil!»[212] seine Fortsetzung, seinen krassen Gegensatz, den Gegensatz von Weltanschauungen,
von Religion und Wissenschaft, von Irrationalität und Vernunft, von
fatalistischer Schicksalsergebenheit und aktiver Selbstbestimmung und
bewußter Meisterung der Natur.

Natur, Landschaft, die als *nicht gleichgültige, beteiligte Natur*[213]
seit *Panzerkreuzer Potemkin* für Eisenstein eine wesentliche Rolle spielt
und hier ein Hauptdarsteller ist, werden aus der Sicht der Bauern gezeigt; sie sind nicht Gegenstand einer romantischen Naturlyrik, weil
sie für die russische Landbevölkerung nie etwas Romantisches oder Ly-
risches sein konnten. «Der Kampf um die Erde» lautet der deutsche
Verleihtitel des Films – es ist ein Kampf der rechtmäßigen gegen die
unrechtmäßigen Herren dieser Erde, der damit verbundene Kampf ums
tägliche Brot und der Kampf ums Wissen von der Erde. Natur ist nichts
Anbetbares, sondern etwas Bearbeitbares, und man kann von ihr lernen.

In jedem seiner Filme nach *Streik* kritisiert Eisenstein die Religion
oder ironisiert religiöse Handlungsweisen und Vertreter der Kirche. Gerade weil die Kirche nach der Oktoberrevolution noch starken Einfluß
auf Teile der sowjetischen Bevölkerung hat (insbesondere der ländli-
chen), legt er großen Wert darauf, zu zeigen, auf wessen Seite die Kirche steht, welchen Zielen ihr Handeln dient, und auch darauf, bestimmten psychologischen Wirkmitteln den geheimnisvollen Schleier des Über-
irdischen zu entreißen und ihre grundirdischen Funktionen sichtbar zu
machen.

Seit *Panzerkreuzer Potemkin* beschäftigt sich Eisenstein intensiv
mit Formen der Ekstase. Hier versucht er der religiösen Ekstase näherzukommen und stellt ihr als einer nicht der Bevölkerung dienenden Emo-
tionsbewegung die Ekstase als Form eines sinnvollen Pathos in der
Zentrifugen-Szene gegenüber. Auf der anderen Seite leugnet Eisenstein nicht die Faszination, die religiöse Riten auch auf ihn ausüben.
Zwar nennt er sich Atheist seit dem siebzehnten Lebensjahr, doch der
Ungläubigkeit voran ging *eine Periode hysterischer kindlicher Religio-
sität und mystischer Jugenderlebnisse*. Von den gottesdienstlichen Ze-
remonien her, die ihn in der Kindheit so sehr beeindrucken, bleiben
ihm eine *lebenslange Schwäche für das Schauspiel kirchlichen Kultes,
für die von Lichtbündeln durchbrochenen Weihrauchwolken, für die
Säulen aus Staub oder Dunst, die ich in meine Filme aufnahm*... eine
*Vorliebe für Priestergewänder, Chorhemden, Pelzmäntel, Schultertü-
cher und Stolen*[214].

In *Das Alte und das Neue* und besonders deutlich in der Prozessionsszene arbeitet Eisenstein mit einer neuen Montageform, die er
übertonale Montage nennt. *Die Generallinie ist als erster Film nach
dem Prinzip der visuellen Oberschwingungen montiert worden*... Theo-

rie und Methodik des Obertons sind u. a. durch Debussy und Skrjabin ausgebildet und verbreitet worden. «Die Generallinie» bringt eine Konzeption des visuellen Obertons dazu.[215] Im August 1928 hatte Eisenstein in Moskau ein Gastspiel des Kabuki-Theaters gesehen und hier in der Gleichberechtigung aller Bühnenelemente Ideen seiner eigenen Theaterarbeit in der Praxis bestätigt gefunden. Er versucht nun die optimale Nutzung aller Stimuli auch im Film zu erreichen. Durch den Komplex der visuellen Obertöne einer Einstellung sollen Stimmungen, Situationen, überhaupt das gefilmte Material extrem fühlbar gemacht werden. Wie die Bilder zum Beispiel der Nebelszene in *Panzerkreuzer Potemkin* nur von einem Hauptton bestimmt werden – Eisenstein spricht hier von tonaler Montage, der *schulgerechten Montage nach ausgeprägten Dominanten* [216] –, so sind in *Das Alte und das Neue* ein Hauptton mit einer ganzen Skala ähnlicher Vibrationen verbunden, Kombination statt von Einzelreizen von *Reiz-Totalitäten* [217], um «Farbe», Plastizität zu erhalten, um Bewegungen zu «hören» und Geräusche zu «sehen».

Der Bulle am Himmel («Das Alte und das Neue»)

Aufmarsch der Traktoren («Das Alte und das Neue»)

Technisches Mittel der übertonalen Montage ist eine *Linsenfolge ...* *(unter Verwendung der Objektivöffnungen von 28 bis 310)* [218]. Eisenstein arbeitet mit Tiefenschärfe und innerer Montage ein Jahr vor Murnaus «Sunrise» und zwölf Jahre bevor sie perfektioniert und als Hauptstilmittel in Welles' «Citizen Kane» zur Anwendung kommen.

Das Alte und das Neue (und vor allem die Prozessionsszene) demonstriert die großartigen Möglichkeiten des Stummfilms und zugleich seine Grenzen. Vor Eisenstein liegt erneut eine Grenzüberschreitung, der Sprung in eine neue Qualität. Die durch übertonale Montage simulierte Farbe wartet auf den Farbfilm (die rote Fahne am Mast in *Panzerkreuzer Potemkin* und das Feuerwerk in *Das Alte und das Neue* hatte Eisenstein koloriert), die plastische Komposition wartet auf den Raumfilm, und der simulierte Ton wartet auf den Tonfilm (in *Streik* hatte Eisenstein versucht, Musik bzw. Schüsse durch visuelle Mittel «hörbar» zu machen). Eisenstein plant, *Das Alte und das Neue* so bald wie möglich nachträglich zu vertonen.

82

Der Tonfilm, von der Technik her schon seit 1923 möglich, setzt sich im Westen im Moment der totalen Krise des bürgerlichen Films durch. Erschöpft in allen Möglichkeiten von Stoff und Thema wird durch Hinzufügung des Tons (Musik vor allem) zu den alten Inhalten versucht, den Film wieder profitabel zu machen. 1927 wird in den USA mit der serienmäßigen Tonfilmproduktion begonnen. Im Juli 1928 – zu einer Zeit, als es in der UdSSR noch keine Tonfilmapparaturen gibt – veröffentlichen Alexandrow, Pudowkin und Eisenstein das «Manifest über den Tonfilm». Darin unterstreichen die drei Filmfachleute die historische Notwendigkeit des Tonfilms und seine ausgezeichneten Möglichkeiten für das sozialistische Filmschaffen. Zunächst werde der Tonfilm vor allem aus der Sackgasse der Erläuterungen durch störende Untertitel und komplizierte Montagegebilde helfen. Auf der anderen Seite warnen die Unterzeichner des Manifests vor der falschen Anwendung des Tons, vor seiner *automatischen Nutzbarmachung für «hochkultivierte Dramen» und andere fotografierte Theateraufführungen* als *dem Wege des geringsten Widerstandes*. Auf solche Weise würde die Grundlage des Films, die *Kultur der Montage*, zerstört werden. Ob Ton, Farbe oder Stereoskopie – *nur diejenigen Merkmale* werden *ausschlaggebend sein, welche die wirkungsvollen Montageverfahren verstärken*

Die Zentrifuge («Das Alte und das Neue»)

und erweitern ... Nur wenn man den Ton in Beziehung zum sichtbaren Montagestück kontrapunktisch benutzt, ergibt sich eine neue Möglichkeit für die Entwicklung und Vervollkommnung der Montage.[219]

Eisenstein beginnt den Sprung ins Neuland mit einer Reise ins Ausland, und diese Reise ist zugleich das *Examen für den, der sich für einen Klassenstandpunkt zu entscheiden hat*[220]. In Paris hört Eisenstein dann von der negativen Aufnahme seines Films bei der sowjetischen Kritik, negativ vor allem wegen der immer noch schwer verständlichen, mit Metaphern überladenen Sprache des «intellektuellen Films». Am 19. August 1929 verlassen Eisenstein, Alexandrow und Tisse die UdSSR, um in Westeuropa und in den USA Methoden der Filmproduktion, vor allem der Tonfilmtechnik, zu studieren.

Mit dem Kabuki-Schauspieler Sadandji. Moskau, 1928

Über Berlin, wo er *Das Alte und das Neue* vorgestellt hatte, fährt Eisenstein mit seinen Mitarbeitern in die Schweiz zum ersten Kongreß des Unabhängigen Films, der vom 3. bis 7. September 1929 auf Schloß La Sarraz bei Lausanne stattfindet. Eigentliches Ziel der Kongreßteilnehmer aus mehreren Ländern – unter ihnen Ruttmann, Richter, Balázs, Moussinac und Montagu – ist die Schaffung einer Grundlage zur umfassenden Unterstützung der unabhängigen Filmproduktion. Eisenstein jedoch zeigt auf, daß *der «Unabhängige Film» im System der kapitalistischen Staaten eine ebensolche Fiktion ist wie eine «unabhängige» ... Presse.* Er plädiert daher für die Unterstützung nicht dieser Fiktion, sondern der fortschrittlichen Bewegungen in kapitalistischen Ländern. Daß es auch nicht so etwas wie einen insgesamt unterstützungswürdigen Avantgardefilm gibt, bestätigt ihm die Vorführung der *ungegenständlichen Spielereien von Cavalcanti und Man Ray* und von Buñuels «Chien andalou», *einem Film, der nachhaltig und konsequent die Perspektiven des Zerfalls des bürgerlichen Bewußtseins im «Surrealismus» aufzeigt.* Die in einen fortschrittlichen, einen apolitisch-ästhetisierenden und einen offen faschistischen Flügel gespaltenen Delegierten kommen wie erwartet zu keinem gemeinsamen Schluß, aber immerhin improvisieren sie zusammen den kurzen Filmsketch «Sturm über La Sarraz»: die von einer Delegierten dargestellte Jungfrau «Unabhängiger Film» wird gegen den Widerstand der Bösewichte der Firmen von den Rittern der Unabhängigkeit befreit, und der Delegierte Japans spielt *in der Maske des «kommerziellen Films» das volle Ritual des traditionellen Harakiri – das erwünschte Resultat des Kongresses!* [221] Dieser Kurzfilm geht später verloren.

In Zürich beginnt Eisenstein mit der langen Reihe von Reden und Vorträgen, die er während seines Auslandaufenthalts hält.

Eisensteins Vorträge kommen immer gut an; das liegt vor allem an den Berichten über den Aufbau des Sozialismus in den UdSSR, für die sich die meisten Zuhörer brennend interessieren, aber auch an dem sehr einfühlsamen und humorvollen Auftreten des Vortragenden: «Fürchtet nicht die Bolschewiki mit dem Messer zwischen den Zähnen, sondern die mit einem Lachen auf den Lippen!» ist in einer Zeitung nach seinem Vortrag in Paris zu lesen, und in den Geheimpapieren des Pariser Polizeipräfekten über Eisenstein heißt es, daß er «dank seines persönlichen Charmes der Sowjet-Union Freunde gewinne»[222].

Auf Druck der Behörden muß Eisenstein Zürich bald wieder verlassen. Der Leiter des Volksfilmverbandes Willi Bredel lädt Eisenstein nach Hamburg ein, wo an einem Sonntagmorgen in zehn Arbeiterviertel-Kinos zugleich *Oktober* gezeigt wird. Der Ansturm ist so groß, daß Tausende an der Kasse abgewiesen werden müssen. Von Hamburg fährt Eisenstein für einige Wochen zurück nach Berlin. Hier schaut er Sternberg bei den Dreharbeiten zum «Blauen Engel» zu und lernt Brecht, Piscator, Toller, Pirandello und Einstein kennen.

Anfang November kommen Eisenstein, Tisse und Alexandrow nach Paris. Eisenstein erlebt Frankreich und seine Metropole. Freunde fah-

Mit Josef von Sternberg. Neu-Babelsberg, 1929

ren ihn durchs Land. In Marseille hört er den Matrosen in den Hafen-
kneipen zu und geht am frühen Morgen zur Beerdigung irgendeines
Schlachters oder unterhält sich mit Prostituierten vom Montparnasse.
Ihn interessiert alles, was mit Geschichte, Malerei, Architektur und Religion zu tun hat. Er besichtigt viele Kirchen und sammelt religiöse
Figuren und Heiligenbilder zur Vertiefung seiner Kenntnisse über Formen der Ekstase. In Toulon entdeckt er Postkarten, die ein und dasselbe Fotomodell, einmal als heilige Theresa und ein andermal als Pin-up-
girl, das einen Seemann küßt, zeigen. «Nichts belustigte ihn mehr als
die Annäherung zwischen diesen beiden Formen von Ekstase.»[223]

Zwischendurch fährt Eisenstein zu Vorträgen nach England (hier
darf noch kein sowjetischer Film gezeigt werden), Belgien (er spricht
vor Arbeitern in Lüttich, die in einer heimlichen Vorführung *Panzerkreuzer Potemkin* gesehen hatten) und Amsterdam. *In den Amsterda-
mer Zeitungen, die mir wohlwollend entgegenkamen, fand sich auch
der Artikel eines Paters. Der Pater schrieb in sehr warmen Tönen über
die weltweite Verkündung humanitärer Ideen im sowjetischen Film.
Am nächsten Tag brach ein wahrer Zeitungssturm los, der auf den
armen Pater niederprasselte.*[224]

In Paris zieht es ihn immer wieder in die Künstlercafés, und er ist
sogar eher in den Salons der feinen Gesellschaft zu finden als in den
Arbeitervierteln. Er lernt Cocteau kennen, die Colette, Malraux und
freundet sich an mit dem «linken» (demokratischen) Flügel der Surrea-

listen, die sich von der Gruppe Breton ... («marxisierenden» Salonsnobs) ... gelöst haben [225].

Gleich am Anfang seines Aufenthalts in Paris besucht Eisenstein Joyce. ... ich habe eine Hauptleidenschaft: James Joyce ... was Joyce mit der Literatur macht, hat sehr viel zu tun mit dem, was wir mit dem neuen Kino machen und noch mehr mit dem, was wir damit einmal machen werden [226], schrieb er 1928 an Moussinac. Eisenstein sieht eine enge Verbindung zwischen der von der inneren Sprache abgeleiteten Schreibtechnik Joyces und der Sprachstruktur des Films. Was er in dem Brief an Moussinac meinte und was ihm jetzt im Gespräch mit Joyce noch klarer wird, ist die Möglichkeit, die Bewegung der Gedanken mit filmischen Mitteln auszudrücken (im «intellektuellen Film»), so wie es Joyce literarisch macht. Der fast erblindete Joyce denkt über Film ähnlich wie Eisenstein, und beide diskutieren über eine mögliche Verfilmung von «Ulysses».

Auch nach Überwindung der – wie es Eisenstein in den Erinnerungen nennt – Phase «innerer Monolog» [227] (nicht nur in einem Film «Ulysses», in vielen der geplanten Filmprojekte der Zeit vor dem nächsten realisierten Film hätte der «innere Monolog» eine bedeutende Rolle gespielt) bleiben für ihn die Gesetze der mit dem sinnlichen Denken verbundenen inneren Rede im Zusammenhang mit der Erarbeitung

Mit Brecht in Moskau, 1932

einer Theorie der Filmsprache lange Jahre der Gegenstand intensiver wissenschaftlicher Studien.

Neben dem *zuckersüßen Frankreich* [228] lernt Eisenstein auch das *Regime des Herren Tardieu, die sowjetfeindliche Atmosphäre, die hier herrschen* [229] kennen. Als er im Februar 1930 in der Sorbonne einen Vortrag halten und *Das Alte und das Neue* vorführen will, verbietet die Polizei den Film. Über 3000 Menschen kommen zu Eisensteins Vortrag und machen diesen vor einem riesigen Polizeiaufgebot (*der erste flic in den Wänden der Sorbonne seit der Zeit Napoleons III.!* [230]) zu einer friedlichen Demonstration gegen Reaktion und politische Zensur. Am nächsten Tag ordnet der Polizeipräfekt von Paris, berüchtigt wegen seines brutalen Vorgehens gegen alles, was links ist, Eisensteins Ausweisung an. Nur durch den Protest zahlreicher liberaler Politiker und angesehener Künstler erreicht Eisenstein eine Verlängerung seiner Aufenthaltsgenehmigung für einige Wochen. Um einen Aufenthaltsgrund anzugeben und um diesen Aufenthalt bis zu seiner Amerika-Reise überhaupt noch finanzieren zu können, bemüht Eisenstein sich auch um Filmaufträge. Schließlich nimmt Alexandrow den Auftrag zur Herstellung eines kurzen Musikfilms an. Immerhin ermöglicht dieser Film («Romanze Sentimentale») es ihnen, Erfahrungen in der Tonfilmtechnik zu sammeln. Eisensteins Mitarbeit ist nur von kurzer Dauer, und sein Anteil beschränkt sich auf die *einfache Darstellung von Prinzipien und Möglichkeiten der Anwendung des Tons* [231]. Als Ende April die seit 1928 geführten Verhandlungen zwischen Sowkino und der Paramount zum Abschluß kommen, schließt der Vizepräsident der Paramount, Jesse L. Lasky, mit Eisenstein, Tisse und Alexandrow für vorläufig ein halbes Jahr einen Arbeitsvertrag ab. Am 8. Mai fährt Eisenstein mit der «Europa» nach den USA. Alexandrow und Tisse, die noch «Romanze Sentimentale» beenden, kommen vier Wochen später nach.

Im Juni trifft Eisenstein in New York ein. Die Paramount hat einen großen Reklamerummel vorbereitet, und der «Schöpfer des Potemkin» muß etliche Empfänge und Pressekonferenzen über sich ergehen lassen. Mit Lasky diskutiert er mögliche Sujets für einen Film. Mehr oder weniger ernsthaft erwogen werden Verfilmungen von «Helden», «Grand Hotel», «Jud Süß», «Im Westen nichts Neues», «Leben Zolas», «Krieg der Welten», «Basil Zaharoff»; Eisenstein spricht auch von einem möglichen Film über die Isolation des Menschen in der spätkapitalistischen Gesellschaft («Das Glashaus»). Alle Themen werden schnell wieder fallengelassen – Eisenstein möchte einen «wirklich amerikanischen» Film drehen. Er nutzt jede freie Minute, um Amerika, sein System, seine Menschen und seine Atmosphäre kennenzulernen und in den Griff zu bekommen. Diesmal zieht es ihn nicht zu den Touristenattraktionen des Landes, sondern zu den Neger-Gettos, den Slums, Arbeiterdistrikten, Gangstervierteln und zu Sing-Sing. Und je tiefer er eindringt unter die Oberfläche des Bildes vom einst so bewunderten Land des Tempos, der Dynamik und der technischen Wunder, wie es Anfang der zwanziger Jahre den jungen sowjetischen Künstlern vor allem durch die Filme des Mannes gezeigt wurde, den Eisenstein nun in New York besucht –

In Hollywood, 1930 (Foto: Otto Dyar)

D. W. Griffith –, desto mehr durchschaut er das seelenlose System des
erbarmungslosen Erfolgszwangs und der besonders krassen Klassenge-
gensätze. Was ihm durch die Maske der *affektierten Erstarrung im einmal Festgelegten* in England und der *unmäßigen Bewegung* [232] in
Frankreich verborgen blieb, wird ihm in dem Land der Hektik, im
monumentalen modernen Babylon [233] erschreckend offen vor Augen
geführt: Den Opfern des kapitalistischen Staates ist die Angst, die totale Entfremdung deutlich ins Gesicht geschrieben.

Im Juli hält Eisenstein Vorträge an den Universitäten Columbia, Har-
vard, Yale sowie vor Negern in New Orleans und Dorchester. Kurz
darauf fährt er nach Kalifornien. In Hollywood sieht er Fairbanks wie-

der und Sternberg, der gerade «Morocco» dreht, er trifft Jean Harlow, Marlene Dietrich, Walt Disney und findet Murnau und Greta Garbo *in einem lebhaften Tête-à-tête auf dem grünen Billardtisch im Hause Ludwig Bergers ausgebreitet vor* [234]. Die meisten Leute findet er *blöd und von geringem Interesse* [235] – zu den Ausnahmen gehören Sternberg, Lubitsch, Stroheim, Flaherty und vor allem Chaplin. Eisenstein und Chaplin bewundern sich gegenseitig und werden gute Freunde.

Mit der Paramount hat Eisenstein sich inzwischen auf die Verfilmung von Blaise Cendrars' «Gold» geeinigt. Es ist *die Geschichte des Kapitäns Sutter . . . auf dessen Grundstück in Kalifornien das erste Gold gefunden worden ist . . . um seinetwillen hatte ich Kalifornien kreuz und quer durchstreift . . . Allzu durchdringend klagte die kalifornische Landschaft um den Widersinn der Goldgier . . . wie ja auch die Biographie Sutters und der Roman über sein abenteuerliches Leben eine einzige himmelschreiende Anklage sind . . .*[236] Zusammen mit Alexandrow und Ivor Montagu, den er in Los Angeles wiedertrifft und der für ihn während des übrigen USA-Aufenthalts als Assistent arbeitet, schreibt er das Drehbuch (Arbeitstitel: «Sutters Gold»). Mittlerweile ist in fast allen amerikanischen Zeitungen der Brief eines Major Pease an die Paramount veröffentlicht worden, in dem dieser der Firma die Anstellung jenes «roten Hundes» vorwirft: «Sadist und Ungeheuer . . . Geschmeiß . . . Hollywoods Höllenbote . . . ein gefährlicher ausländischer Jude, der Amerika vergiften will»[237] – so Pease über Eisenstein. Für die reaktionäre Presse ist es das Startzeichen zu ähnlicher Hetze. Zwar stellen sich die liberalen Zeitungen in Kommentaren auf Eisensteins Seite, doch einiges bleibt hängen. Die Paramount hatte das Drehbuch zu «Gold» *in jeder Hinsicht akzeptiert, und dann ganz plötzlich ändern sie ihre Meinung* [238]. Offizielle Begründung der Ablehnung: der Film würde zu teuer werden. Obwohl Eisenstein ähnliches wie bei «Gold» befürchtet, nimmt er ein neues Vorhaben in Angriff. Wieder zusammen mit Alexandrow und Montagu verfaßt er ein Drehbuch zur Verfilmung von Dreisers «Eine amerikanische Tragödie». Die Hauptarbeit besteht darin, zu einem Stoff, der *99 % Sachdarstellung und 1 % Stellungnahme dazu* [239] enthält, klar Stellung zu beziehen, das heißt vor allem die von Dreiser unbeantwortete Frage nach Schuld oder Unschuld des Helden mit einem deutlichen «nicht schuldig» zu beantworten; *das Problem ist nicht einfach, nämlich aus Dreiser einen Zola machen* [240]. Eisenstein will in dem Film versuchen, das US-System so darzustellen, wie er es selbst erfahren und verstanden hat, nämlich als eine Gesellschaft, die Menschen zu kriminellem Handeln zwingt, und als eine unerbittlich vorgehende Staatsmaschinerie, die einen dieser Menschen mit einem ihrer Werkzeuge, der Klassenjustiz, zermalmt. Anfang Oktober ist das Drehbuch fertig. Die Paramount lehnt es ab – *aus Furcht vor einem . . . politischen Skandal* [241]. Nicht schuldig. *Aber dann ist Ihr script ja ein ungeheuerlicher Angriff auf die amerikanische Gesellschaft! . . . Wir würden ein einfaches Wer-hat-es-getan über einen Mord vorziehen . . .!* [242] Die Vertragszeit von sechs Monaten ist abgelaufen, und auf Verlängerung verzichtet die Paramount. *Damit endete das, was «Bi-Pi» Schulberg (der kalifornische Chef der Para-*

Mit Chaplin auf dem Tennisplatz. Hollywood, 1930

mount) beim Abschied, die Zigarre aus dem Mund nehmend, als «edles Experiment» bezeichnete.[243]

Eisenstein gibt die Hoffnung nicht auf, doch noch einen Film im Ausland realisieren zu können. Der Maler Diego Rivera schlägt ihm vor, einen Dokumentarfilm über das Leben in Mexiko zu drehen. Eisenstein ist begeistert von dem Gedanken, in jenem Land zu arbeiten, das ihn fasziniert, seit er – noch vor seiner «Mexikaner»-Inszenierung – ein Foto vom mexikanischen Totentag sah. Auf der Suche nach einem Geldgeber wendet er sich zunächst an Chaplin – und dieser weist ihn weiter an den Schriftsteller Upton Sinclair. Sinclair, dessen reiche Frau und einige anonym bleibende Geldgeber erklären sich bereit, den Film zu finanzieren. Am 24. November schließen die Sinclairs mit Eisenstein einen Vertrag, der ihnen alle Rechte am gesamten Filmmaterial zusichert und dem Regisseur auferlegt, keine politischen Themen zu behandeln.

Die Produktionszeit des Films soll etwa vier Monate und seine Kosten – Eisenstein, der darin Laie ist, macht den Vorschlag – 25 000 Dollar betragen.

Am 5. Dezember fahren Eisenstein, Alexandrow und Tisse nach Mexiko. In Mexico City gerade angekommen, werden sie sogleich von der Polizei verhaftet. Major Pease hatte es nicht versäumt, auch die mexikanischen Behörden vor der «roten Gefahr» zu warnen. Auf die Intervention einiger amerikanischer Senatoren hin werden Eisenstein und seine Mitarbeiter wieder freigelassen und erhalten eine Dreherlaubnis. Von der Hauptstadt aus fährt das Team in alle Richtungen des Landes, sammelt Rohmaterial, und Eisenstein vertieft und überprüft seine an Hand von früheren theoretischen Studien erlangten Kenntnisse über Kultur, Geschichte und Lebensgewohnheiten der mexikanischen Bevölkerung. Er erlebte ein Land der Gegensätze; er spürte mit großer *Nachhaltigkeit das dämonische Prinzip der Dialektik . . . sah das Mexiko, wo alles das ursprüngliche, erste und gleichzeitig das ewige Werden atmet. So muß die organische Welt in den ersten Tagen des Weltgebäudes ausgesehen haben . . . in ständiger Vermischung begegnen sich Leben und Tod.*[244] Bestehen anfangs die Dreharbeiten in bloßem Festhalten dessen, was den drei Sowjetbürgern auf ihren Reisen sehenswert erscheint, so beginnt Eisenstein, als er mit zunehmenden Erfahrungen eine bestimmte Vorstellung vom Wesen des mexikanischen Volkes bekommt, nach einem Konzept zu drehen: er denkt an eine *umfassende und vielfarbige Film-Symphonie über Mexiko*[245]. In einem Treatment, das Mäzen Sinclair über die Entwicklung des Mexiko-Projekts unterrichten soll, vergleicht Eisenstein das gleichzeitige Nebeneinander und Getrenntsein der Kulturen Mexikos mit den farbigen Streifen des Indio-Umhangs Serape, und wie die Serape soll auch der Film aus in Farben miteinander stark kontrastierenden Teilen bestehen, aber zusammengehalten werden von der Einheit des Gewebes. Geplant sind sechs in Zeit, Ort, Landschaft und Menschen unterschiedliche Teile (Prolog, vier Episoden, Epilog), die ihre Einheit finden im Entrollen des Entwicklungsprozesses einer Zivilisation von der einfachen biologischen Existenz zum sozialen Bewußtsein, in einer Darstellung der lebendigen Geschichte des mexikanischen Volkes mit seinem siegreichen Kampf gegen Kolonisation und Feudalherrschaft und dem sich anbahnenden Sieg über das kapitalistische System – und dies würde den Sieg des Lebens über den Tod bedeuten. Eisenstein nennt sein Filmprojekt (vorgesehener Titel: *Que viva Mexico!*) *ein großes Poem über Leben, Tod und Unsterblichkeit*[246] – Wettstreit von Leben und Tod, verstanden als Klassenkampf, Unsterblichkeit, verstanden als *das eigene Leben für das revolutionäre Ideal der Freiheit zu opfern*[247]. Während der Dreharbeit erweitert Eisenstein das Treatment zu einem Szenarium. Der Prolog verfolgt lebendige Spuren der alten Mayas in Yucatán und zeigt die Macht der Vergangenheit dort über die Menschen der Gegenwart. Die Episode «Sandunga» führt zu den Indios des Tehuantepec-Gebiets. Der Einfluß des spanischen Kolonialismus war hier so gering, daß sich noch das Matriarchat erhalten hat. Die Episode «Maguey» schildert das mutige, aber noch vergebliche Aufbegehren eines Leibeigenen gegen die

Willkür seines Feudalherren zur Zeit des Diktators Díaz. Der Haziende-ro läßt den Rebellen bis zum Hals eingraben und von seinen Pferden zu Tode trampeln. *Spanische Architektur, Kostüme, Stierkämpfe, romantische Liebe, südliche Eifersucht, Verrat – das sind die Elemente* [248] der Episode «Fiesta». «Soldatera», die letzte Episode, beschreibt das Schicksal einer Soldatera, einer jener Frauen, *die in Hunderten vor der Revolution einherzogen, um für ihre Männer zu sorgen, mit ihnen zusammen zu kämpfen, ihnen Kinder zu gebären.* Gezeigt wird *der Sieg der ersten Revolution, Villas und Zapatas Einmarsch unter kathedralem Glockengeläut* [249]. Der Epilog enthält Szenen über das Mexiko der Gegenwart. Im Mittelpunkt steht der heidnische Karneval am «Tag der Toten», *an dem die Mexikaner die Vergangenheit zurückrufen und ihre Verachtung des Todes zeigen. Der Film begann mit dem Reich des Todes. Mit dem Sieg des Lebens über den Tod, über die Einflüsse der Vergangenheit... endet er.* [250] *Eine abschließende Farandole vereint alle Gestalten des Films: Gedemütigte und Unterdrückte... alle sind sie versteckt hinter den weißen Schädelmasken aus Karton. Und in der wildesten Phase der farandola – eine Pause. Nun kommt der Augenblick der Demaskierung: hinter den Masken der Matadore, Peonen und Arbeiter erscheinen lachende Gesichter, doch unter den Masken... des Präsidenten, des Generals, des Polizisten, des Bischofs und des haciendado erscheinen keine lebenden Gesichter, sondern – Totenschädel... Die Kadaver einer sozial toten Klasse... Der Totenschädel, schreckliche Mahnung für jene, die sich dem Leben entgegenstellen... Aber was bewegt sich da mitten unter diesen schrecklichen Symbolen einer im Sterben liegenden Klasse, die noch vor ihrem Tode das neue aufsteigende Leben ersticken möchte? Wieder eine Kartonmaske. Die Maske fällt. Und über die ganze Leinwand erscheint das lachende Gesicht eines kleinen Kindes, das die Schattengestalten der Reaktion und des Todes verdrängt... Könnte es das Kind... sein, das die wirkliche Befreiung Mexikos erleben wird? Mit diesem letzten Memento, dem wichtigsten für das große Mexiko der Zukunft, sollte der Film enden.* [251]

Darsteller des Films sind ausschließlich Laien – mexikanische Bauern, Arbeiter und Soldaten. Wenn Eisenstein 1934 rückblickend von der Filmarbeit in Mexiko spricht als dem *Herumwandern von drei jungen Leuten – so wie wir durch Mexiko zogen, anhielten, wo es uns Spaß machte, den Gegenstand des Films und seine Figuren langsam in uns Gestalt annehmen ließen und aus der Flut des wirklichen Lebens schöpften,* meint er damit die prinzipielle Arbeitsmethode im Gegensatz zur üblichen *geplanten Tätigkeit der Film-Fabriken* [252], nicht aber die tatsächlichen Arbeitsbedingungen Mexikos. Außerhalb von Mexico City fehlen oft die notwendigen technischen Mittel, Nachrichtenverbindungen oder sogar Elektrizität; überall stehen die Behörden dem kommunistischen Filmteam sehr mißtrauisch gegenüber. *Der mexikanische Arbeitsrhythmus ist schrecklich: er verlangt viel Zeit... hier zu arbeiten, ist sehr schwer. Das fängt schon mit dem Wetter an. Es ist sehr unzuverlässig und verzögert die Dreharbeiten um rund 50 %.*[253] Auch Eisensteins von sozialistischen Verhältnissen geformte Arbeitsweise schafft Schwierigkeiten, bedingt gerade durch die Prinzipien der kapitalisti-

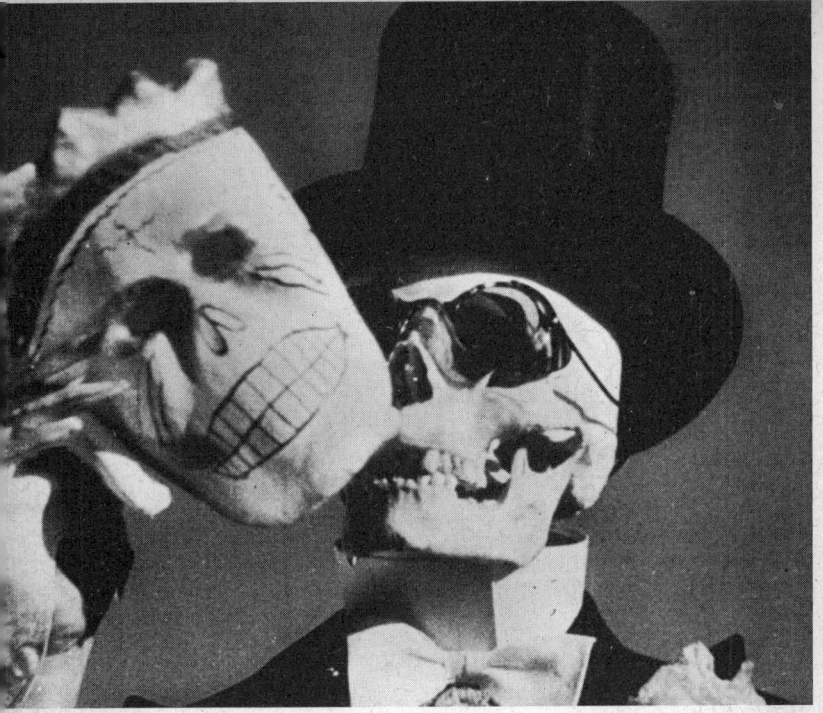

Zweimal Demaskierung. Aus «Que viva Mexico!»

schen Filmproduktion. Diese Schwierigkeiten kommen für Eisenstein
überraschend, weil er sich trotz der Erfahrungen in den USA bis
zu diesem Zeitpunkt immer noch Illusionen macht und glaubt, einen
Film nach seinen Vorstellungen drehen zu können, zumal er es in diesem Fall mit einem Mann zu tun hat, der fortschrittliche Romane geschrieben hatte. Als Sinclair nach mehr als vier Monaten noch von keinem Ende der Dreharbeiten hört, bangt er um seinen finanziellen Einsatz. In dem unmontierten Filmmaterial, das Sinclair in Hollywood
besichtigt, sieht der Filmlaie maßlose Verschwendung, Plan- und Ziello-
sigkeit. Doch Eisenstein arbeitet sehr intensiv und ökonomisch. *Wir
möchten so schnell wie möglich nach Hause zurück, schneller als Sie es
sich vorstellen können. Aber wir bleiben nicht zu unserem Vergnügen
hier* [254], schreibt er an den sowjetischen Film-Beauftragten in den USA.
Einmal geht das Material von wochenlanger Arbeit verloren, ein andermal wird Eisenstein krank. Das Team arbeitet schwer, «es gab . . . keine
Ruhe, so lange Eisenstein Licht am Himmel sah. Nach elf Monaten dieser Arbeitsweise war er bei seinen Dreharbeiten immer noch so aktiv wie
am ersten Tag.» [255] Durch ein Mißverständnis werden Sinclairs Zweifel
an der Verwendbarkeit des Filmmaterials in der Sowjet-Union bestärkt.
Über die wahren Gründe von Eisensteins erneute Bitten um Aufent-
haltsverlängerung im unklaren, schickt Stalin an Sinclair ein Telegramm,

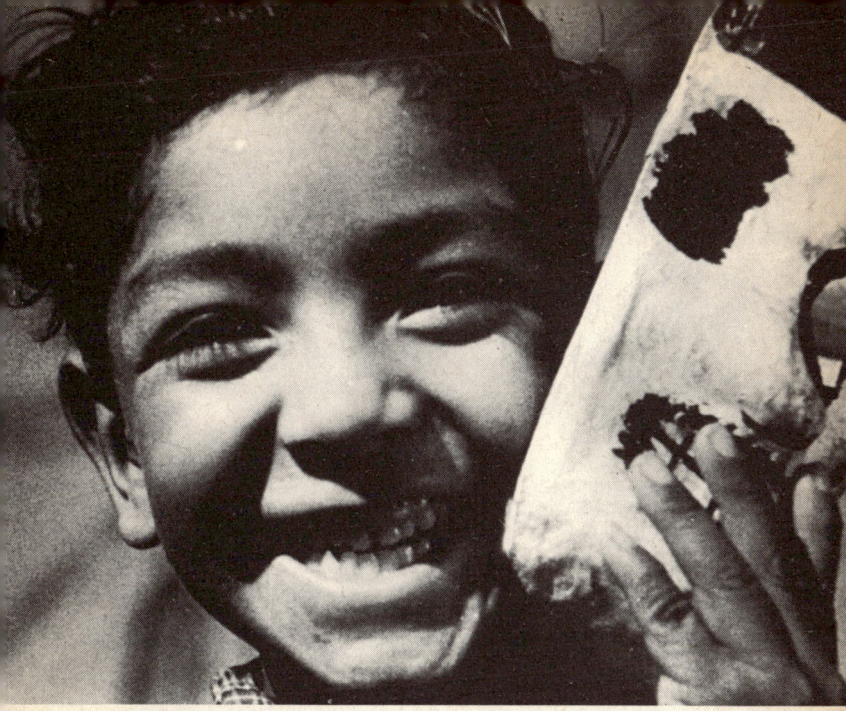

in dem er mitteilt, Eisenstein habe das Vertrauen seiner Genossen verloren, man halte ihn für einen Deserteur, der mit seinem Land gebrochen habe, und das sowjetische Volk werde bald kein Interesse mehr an
ihm haben – was für Sinclair heißt, auch kein Interesse mehr an seinem
Film. Im Januar 1932 stellt Sinclair, der ein Jahr zuvor in einem Brief
geschrieben hatte: «Dies wird das erste Mal in Eisensteins Leben sein,
daß er die völlige Freiheit hat, einen Film ganz nach seinen eigenen Ideen
zu machen»[256], die Zahlungen ein (53 000 Dollar hatte er investiert,
eine relativ geringe Summe für eine Filmproduktion) – und dies zu einem Zeitpunkt, als die Dreharbeiten tatsächlich kurz vor ihrem Abschluß stehen. Ungefähr 65 000 m Film sind belichtet und fünf Teile
von *Que viva Mexico!* fast fertig, nur die Episode «Soldatera» fehlt
noch, der entscheidende Teil allerdings. *Das ist der Höhepunkt, weil die
Geburt des neuen Mexiko darin ist, welches, von Exploitation und spa-
nischer Herrschaft unterdrückt, schließlich als Mexiko aufersteht. Ohne
ihn verliert der Film seinen Sinn, seine Einheit, seine Schlußwirkung.*[257]
Vergeblich sind Eisensteins Anstrengungen, den Film doch noch zu beenden (dabei hätte er nach seiner Einschätzung höchstens weitere 8000
Dollar gebraucht). Eisenstein möchte das entwickelte Material in Hollywood montieren, doch die US-Behörden gestatten ihm nicht die Ein-
reise.

In Mexiko hatte Eisenstein begonnen, wieder zu zeichnen. Einige seiner Zeichnungen nun werden vom Zoll als Pornographie empfunden; Eisenstein muß vier Wochen auf sein Visum warten. Ein Teil der Mexiko-Zeichnungen (u. a. Zyklen zu den Themen Salome, Macbeth und Stierkampf in Verbindung mit religiösen Themen) wird wenig später in New York ausgestellt. Im März darf Eisenstein die Grenze passieren; ein Aufenthalt in Hollywood wird ihm jedoch nicht erlaubt. In New York, wo ihm von Freunden ein Abschiedsbankett gegeben wird, hat er Gelegenheit, die Muster seines Mexiko-Films zu sehen. Immerhin verspricht ihm Sinclair noch vor seiner Abreise nach Moskau, die Negative zur Montage nachzuschicken. Das Versprechen wird bald gebrochen, als nämlich der Filmproduzent Sol Lesser für die Auswertung des Materials eine hohe Summe bietet. Lesser läßt aus Teilen dreier Episoden einen Film zusammenschneiden, den er 1933 als «Eisensteins Meisterwerk» ankündigt und unter dem Titel «Donner über Mexiko» herausbringt. In diesem Film werden die von Eisenstein als Satire konzipierten Szenen über das gegenwärtige Mexiko und sein reaktionäres Regime «in ein fröhliches Reklamegeschrei über ‹ein neues Mexiko› mit klaren faschistischen Untertönen umgefälscht»[258]. In einem Flugblatt der amerikanischen Liga gegen den Imperialismus heißt es: «‹Donner über Mexiko›-Lügen! Mexiko ist NICHT das idyllische Gemälde aus Schönheit und Anmut, wie es von den Finanziers dieses Films beschrieben wird . . . In Mexiko werden Massen von einer Militärdiktatur unterdrückt, ausgebeutet und erniedrigt . . . Nicht die größte Propagandaflut kann uns davon überzeugen, daß ein Regisseur, der verantwortlich ist für die bedeutendsten Filme, die je gemacht wurden über den Befreiungskampf der sowjetischen Massen von zaristischer Niederhaltung und Tyrannei, diese ungeheuerliche Verstellung der Wahrheit hervorgebracht haben könnte . . .»[259]

In den USA führen kommunistische Organisationen und fortschrittliche Intellektuelle Kampagnen mit dem Ziel, «Donner über Mexiko» von der Leinwand zu verbannen, «die öffentliche Meinung zu veranlassen, Druck auf die Finanziers auszuüben und einen letzten Versuch zu unternehmen, das vollständige Negativ, geschnitten und ungeschnitten, für Eisenstein zu retten»[260]. Leider ohne Erfolg. Eisenstein bekommt das Material nie wieder in die Hände. Später bringt Lesser noch die Kurzfilme «Eisenstein in Mexiko» und «Totentag» heraus; 1939 montiert Marie Seton aus Teilen des in «Donner über Mexiko» noch nicht verwerteten Materials den Sechsundfünfzig-Minuten-Film «Unter Mexikos Sonne». Andere Teile des Films werden von Firmen für Werbe- und Unterrichtszwecke gekauft. 1956 – nach Ausschöpfung aller Profitmöglichkeiten – überläßt Sinclair das noch übriggebliebene Material der Filmbibliothek des Museum of Modern Art. 1958 verbindet ein ehemaliger Schüler Eisensteins, der Filmhistoriker Jay Leyda, die Filmstücke als Aneinanderreihung der Einstellungen in der ursprünglichen Aufnahmefolge zu dem Studienfilm «Eisensteins Mexikoprojekt», der immerhin «die Arbeitsweise eines disziplinierten, erfinderischen Künstlerkollektivs und die dem Projekt zugrunde liegende klare Logik zeigt»[261]. Eisenstein, nachdem er die Leser- und Seton-Fassungen sah:

Bei den Dreharbeiten zu «Que viva Mexico!»

Zunichte gemacht sind die Ideen durch sinnlose Kombinationen, durch verzetteltes Material ... zerschlagen das Ganze, mit Füßen getreten die monatelange Arbeit ... wir bemühen uns, diesen Todesfall mit Ironie zu überwinden, diesen Tod eines eigenen Kindes, auf das so viel Liebe, Mühe und Seufzen verwendet worden ist.[262] Doch er leidet noch lange an diesem Mißgeschick von «Mexiko»[263]. Schwer bezahlen muß er die demütige Erkenntnis, daß es organisch unmöglich war, unter anderen sozialen Bedingungen (als in der Revolution) und im Interesse einer anderen Klasse die schöpferischen Aufbaukräfte wirken zu lassen [264].

DIE FEHLER DER «BESCHIN-WIESE»

Im Mai 1932 ist Eisenstein wieder zu Hause. Vieles hat sich hier inzwischen geändert, denn selbst in einer so kurzen Zeit wie den zwei Jahren von Eisensteins Abwesenheit ist die Entwicklung des Sozialismus in allen Bereichen der sowjetischen Gesellschaft schnell vorangeschritten. Mit Beginn des ersten Fünfjahresplans war 1928 die zweite große Phase in der Geschichte der Sowjet-Union eingeleitet worden. Kennzeichen dieser Phase ist die Organisierung der sozialistischen Wirtschaft und der Kulturrevolution. Merkmal der ihr entsprechenden Etappe des sowjetischen Films sind die Entwicklung des Tonfilms (erster Tonfilm 1930), die verstärkte Industrialisierung und Zentralisierung der Filmproduktion und engere Verbindung von Filmschaffenden mit der Partei und ihren jeweiligen Aufgaben. Auf der I. Allunions-Parteikonferenz 1928 wurde festgelegt: «Der Film als wichtigste der Künste kann und muß in der Kulturrevolution eine große Rolle spielen als ein Mittel umfassender Bildungsarbeit und kommunistischer Propaganda, als ein Mittel zur Organisierung der Massenerziehung entsprechend den Losungen und Aufgaben der Partei, als ein Mittel der künstlerischen Erziehung der Massen, ihrer zweckdienlichen Erholung und Zerstreuung.»[265] Als eine Kunstmethode, die den neuen Aufgaben am gerechtesten wird, das heißt als die Methode, die den sozialistischen Aufbau widerspiegelt und ihr vorantreiben hilft, setzt sich von nun an gegenüber dem «Experimentieren» der sozialistische Realismus immer mehr durch.

In einem Artikel zum 15. Jahrestag des sowjetischen Films schreibt Eisenstein über die jüngsten Stufen des nationalen Filmschaffens[266] bis 1934: *«Der Weg ins Leben», «Turkslib», «Das Alte und das Neue» . . . bringen eine neue Problematik, neue Themen in unsere Kunst ein, die die noch nie dagewesenen Formen der menschlichen Beziehungen und der sozialistischen Umgestaltung der Länder, der sozialen Organismen und des gesellschaftlichen Bewußtseins zum Gegenstand haben . . . Aus der Thematik der revolutionären Masse und der Massenrevolution heraus beginnt das Problem der Partei, das Problem des Kommunisten und Bolschewiken in den Vordergrund zu treten . . . Auf der Leinwand erscheint der konkrete Bolschewik im konkreten Leben bei der Lösung konkreter Aufgaben . . . Mit dem Wort und dem Ton halten diejenigen Ausdrucksmittel Einzug in die Filmtheater, die dem Stummfilm noch fehlten, um einer philosophisch vertieften parteilichen Thematik in vollem Umfange gerecht zu werden. Die ersten Schritte tun die Tonfilme «Goldene Berge», «Der Gegenplan», «Der Deserteur». Ein Jahr später erobern «Tschapajew», «Maxims Jugend» und «Die Bauern» im Sturm die Leinwand . . .*[267]

Wie *Panzerkreuzer Potemkin* für die erste, so wird der Film der Eisenstein-Schüler G. und S. Wassiljew über den roten Armeekommandanten Tschapajew zu einem Leitbild dieser zweiten Etappe des sowjetischen Films. Eisenstein schreibt 1940, daß in «Tschapajew» zum erstenmal die Synthese *von leidenschaftsgesättigtem Ereignis («Potemkin») und Leidenschaftlichkeit der an diesem Ereignis Beteiligten («Die Mutter») gelingt*[268].

Zur Vereinheitlichung der Filmproduktion und -vorführung wird 1930 die zentrale Filmverwaltung Sojoskino gegründet. Um wiederum den Film mit allen anderen Künsten besser zu koordinieren, wird Sojoskino als Hauptverwaltung der Filmindustrie 1936 in das Allunions-Komitee für Fragen der Kunst eingegliedert. Als Eisenstein die UdSSR verließ, hatte die Diskussion über die neuen Methoden und Ziele der Kunstschaffenden gerade erst begonnen. Als er wieder zurückkehrt wird besonders intensiv die Auseinandersetzung zwischen formalisitischen Kunstmethoden und dem sozialistischen Realismus geführt. Auch Eisensteins Filme, und besonders seine letzten, sind Gegenstand der Auseinandersetzung. Mit einem Artikel von Iwan Anisimow [269] gegen das Prinzip des Massenhelden hatte die Kritik an Eisenstein 1931 begonnen. 1932 heißt es in der Sowjet-Enzyklopädie: «In *Oktober* und *Das Alte und das Neue* ... schaffte es Eisenstein trotz seines großen Könnens nicht, eine gründliche Analyse der entscheidenden Etappen der sozialistischen Revolution anzustellen; durch formalistische Experimente ließ er sich vom richtigen Weg abbringen.» [270]

Eisenstein greift zunächst nicht in die Auseinandersetzung ein. Überhaupt bleibt seine gewohnte Aktivität für einige Zeit gelähmt – bedingt teils noch durch die großen Enttäuschungen über das «Mexiko»-Projekt (eine dadurch ausgelöste Nervenkrise zwingt ihn sogar zu längerem Sanatoriumsaufenthalt), teils durch die Schwierigkeit einer schnellen Anpassung an das inzwischen entwickelte Gesellschaftsstadium. Eisenstein zieht sich für einige Jahre zurück. Er liest viel, schreibt viel und nimmt seine Lehrtätigkeit wieder auf. Schon 1928 hatte er bis zu seiner Abreise an der Staatlichen Filmfachschule (GTK) unterrichtet und dort eine «Instruktions- und Forschungsabteilung für Filmregie» eingerichtet. Ab Oktober 1932 leitet er an dieser Schule, die nun den Rang eines Instituts (WGIK) hat, den Regiekurs. Das Haus verläßt er nur noch wegen seiner Lehrtätigkeit und zu gelegentlichen Film-, Theater- oder Konzertbesuchen. Sein Rückzug bedeutet zwangsläufig Isolation von den Kollegen, der Partei, der gesellschaftlichen Wirklichkeit – und hindert ihn letztlich daran, als Künstler den Schritt tun zu können, den er selbst schon vorbereitet hatte. Während der Arbeit an *Das Alte und das Neue* hatte er begonnen, sich weniger als Teil einer Elite von fortschrittlichen Kunstschaffenden und mehr als Teil der sozialistischen Gesellschaft zu betrachten, der mitverantwortlich ist an ihrem Aufbau, als Teil der Masse, die diese Gesellschaft trägt. *Wir sowjetischen Künstler haben ohne Ausnahme keine andere Aufgabe als die, mit den Mitteln der Kunst jenen schöpferischen Bestrebungen und Idealen Ausdruck zu geben, von denen die Millionen Erbauer des Sozialismus in unserem Lande erfüllt sind.* [271] Um diese Aufgaben überhaupt erfüllen zu können, erweist es sich für die Künstler als notwendig, sich eng mit den Massen zu verbinden, ihr Denken und Fühlen genau kennenzulernen. Diese enge Verbindung mit dem Volk herzustellen ist der Schritt, den zu tun Eisenstein jetzt so große Schwierigkeiten bereitet. Die Kollegen Pudowkin, Kosinzew, Trauberg oder Dowschenko haben es leichter; sie waren zu Hause, als der Entwicklungsprozeß der Künstler zum neuen Selbstverständnis in die entscheidende Phase trat, sie nehmen aktiv teil am Aufbau auch außerhalb ihrer Produktionsgebiete und finden früher oder später Kontakt zu den Menschen, für die sie ihre Filme machen wollen und die aus ihnen sprechen sollen.

Schwierigkeiten auf diesem Wege hat Pudowkin zum Beispiel auch (wie Eisenstein ist er kein Mitglied der Partei), doch verglichen mit denen Eisensteins sind sie gering. Pudowkin bemüht sich in seiner Filmarbeit von Anfang an um Verständlichkeit, Volkstümlichkeit und seine dramaturgischen Prinzipien weisen schon früh direkt zum sozialistischen Realismus hin. Eisenstein dagegen neigt zum Intellektualisieren, zum abgeschlossenen Experimentieren und Konstruieren.

Die Filme Eisensteins, der sich «aus ganzem Herzen zum Kollektivismus in der Arbeit» bekennt, mißlingen ganz offensichtlich da, wo er doch «allein» und abgeschlossen arbeitet. Eisensteins Filme gelingen, wo durch unermüdliche Recherchen und vor allem ständige Konsultation großer Teile des Volkes die Massen indirekt an der Schaffung eines Films beteiligt werden (eine direkte Beteiligung der Massen an der Herstellung eines Films wird erst später und in anderen Ländern praktiziert), und so tatsächlich das Volk *durch den Mund des Künstlers spricht* [272]. Eisensteins Verhältnis zum Volk bleibt zeit seines Lebens in erster Linie ein intellektuelles. Seinem Fühlen und Denken nähert er sich vor allem wissenschaftlich als ein an psychologisch-anthropologischen Teilaspekten des Massenverhaltens interessierter Forscher – wie auch sein Verhältnis zum Sozialismus überwiegend verstandesmäßig ist. Sein Verhältnis zur Frühphase der Revolution hatte noch eher einen spontan-emotionalen Charakter, und so hat er recht, wenn er Kollegen, die ihm seinen Intellektualismus vorwerfen (Dowschenko: «Ich bin überzeugt, daß ihn seine Gelehrsamkeit in mehr als einer Hinsicht umbringt» [273]), antwortet: *Filme wie «Potemkin» sind mit dem Blut des Herzens gemacht.* [274]

Nach der Reise nun erscheint es ihm so, als habe er auf eben dieser Reise auch intellektuell die Verbindung zum Sozialismus verloren, und so flüchtet er in die Abgeschiedenheit. Er arbeitet an einem «Lehrprogramm für Theorie und Praxis der Regie». Kurz nach seiner Rückkehr hatte Eisenstein Drehbücher geschrieben zu einer Satire über den russischen Spießbürger («MMM») und für einen historischen Film über Moskau, dargestellt an der Geschichte einer Familie über mehrere Generationen. Die Hauptverwaltung Film lehnte die Realisierung dieser Projekte ab. Als 1934 Paul Robeson nach Moskau kommt, denkt Eisenstein an den Plan aus der Hollywood-Zeit, Vandercooks Buch «Schwarze Majestät» (über die Befreiungskämpfe der haitianischen Sklaven gegen die französischen Kolonisatoren) zu verfilmen; auch dieses Projekt wird aufgegeben.

Eisenstein muß bald erkennen, daß ihm ohne Beziehung zum aktuellen Geschehen, ohne Diskussion mit Kollegen und Parteimitgliedern keine Aufgabe mehr gelingen kann. Besonders seine Mitarbeiterin Pera Attaschwa (die er 1937 heiratet) und seine Studenten hatten ihn immer wieder auf die Beschränktheit seiner Arbeitsbedingungen aufmerksam gemacht. Der Anlaß zum Verlassen des Teufelskreises, in dem er sich befindet, wird nun der 15. Jahrestag der sowjetischen Filmindu-

Der Knabe Stepok in «Die Beschin-Wiese»

strie. Im Verlauf eines dabei stattfindenden Kongresses über Probleme
des sowjetischen Films (vom 11. bis 13. Januar 1935) stellt Eisenstein
sich der Kritik seiner Kollegen, die ihn noch nicht im Ruhestand sehen
möchten. Die oft scharfe, aber dennoch solidarische Kritik hilft ihm,
viele seiner Fehler zu erkennen und sich seiner Bedeutung gerade für
das künftige sowjetische Filmschaffen wieder bewußt zu werden. Als er
auf dem Jubiläumsfest gebeten wird, die Preisverleihung an verdiente
sowjetische Filmschaffende vorzunehmen und er ansagen muß, daß er
selbst nur eine Auszeichnung der unteren Kategorie erhält, empfindet
er dies zwar als Demütigung, aber zugleich auch als Ansporn. Seine
Abschlußworte: *Genossen, wir wissen genau, was wir in Zukunft zu
tun haben werden.*[275]
    Im Februar 1935 beginnt Eisenstein mit der Arbeit an *Die Beschin-
Wiese.* Drehbuchautor ist Alexander Rscheschewski, der Begründer des
«emotionalen Szenariums», einer Drehbuchform, die dem Regisseur nur
emotionale Impulse geben soll und damit genau Eisensteins Eigenheiten entspricht. Rscheschewski hatte vor einiger Zeit einen Auftrag bekommen, etwas über die Hilfe der Pioniere bei der Kolchosearbeit zu
schreiben. Er verbindet die Turgenjev-Erzählung über Kinder des Dor-

fes Beschin-Lug mit seinen Beobachtungen über das Leben der Kinder im Beschin-Lug der Gegenwart und der authentischen Geschichte des Pioniers Pawlik Morosow (Stepok im Drehbuch). Pawlik/Stepok entdeckt, daß sein Vater, ein Kulak, einen Sabotageakt auf die Ernte der Dorfkolchose plant. Er warnt seine Genossen und bewacht mit ihnen die Ernte; der zornige Vater erschießt seinen Sohn. Nachdem Gorki im April auf der Konferenz der Kunstschaffenden auf die dringende Notwendigkeit von Filmen für Kinder hingewiesen hatte, reduziert Eisenstein die Dialoge des Drehbuchs und baut seine Handlungselemente aus, um auch wirklich mehr Kinder in die Kinos zu bekommen. Anfang Mai beginnen die Dreharbeiten. Alexandrow gehört dem Team nicht mehr an; nach der Auslandsreise mit Eisenstein beginnt er seinen eigenen Weg als Regisseur und wird in der UdSSR zum Hauptvertreter der Gattung Filmkomödie.

Regieassistenten bei der *Beschin-Wiese* sind neben Pera Attaschewa vier seiner Schüler vom WGIK, so auch Jay Leyda. Die Musik zum Film schreibt der «Tschapajew»-Komponist Gawril Popow. Zum erstenmal arbeitet Eisenstein – ohne sich dabei ganz von der Typisierungsmethode zu trennen – mit professionellen Theaterschauspielern; allein vier von ihnen sind Theaterregisseure bzw. -direktoren, unter ihnen in der Rolle der Kolchose-Vorsitzenden und als Berater in Schauspielerfragen Jelisaweta Teleschowa, Eisensteins zweite Frau. Der Stepok-Darsteller wird unter über zweitausend Kindern ausgesucht. Drehort ist nicht Beschin-Lug, sondern ein «synthetisches» Dorf, nämlich die Umgebung von Charkow, die große Stalin-Sowchose bei Armawier und das Mosfilm-Studio.

Bevor eine Szene gedreht wird, fertigt Eisenstein einen genauen Drehplan und sehr viele Skizzen an, improvisiert dann aber doch reichlich – nach dem Prinzip, «daß alle Pläne nur gemacht werden, um auf die neuen Ideen, die im Laufe der Tagesarbeit entstehen, vorzubereiten»[276]. Regisseur und Kameramann experimentieren viel mit verschiedenen Objektiven, um durch entsprechende Aufnahmen unterschiedliche Spannungen und Gefühle zu schaffen. Manchmal wird mit vier Kameras zugleich gedreht; allerdings sollen nur wenige Aufnahmen auf der Leinwand so erscheinen, wie sie gemacht werden: *Auf dem Schneidetisch wird diese Episode auf dieselbe Weise behandelt, wie ein Komponist an der Fuge für vier Stimmen arbeitet.*[277] Eisenstein plant auch einige unrealistische Szenen: so läßt er zum Beispiel den Innenraum der Hütte des Kulaken nach expressionistischer Manier in verzerrten Perspektiven bauen, um die Spannungen zwischen Vater und Sohn optisch zu verstärken; in einigen Szenen versucht er auch «dem Zuschauer zu zeigen, wie Turgenjev die Dinge um sich herum sah»[278]. Zu diesem Zweck studierte Eisenstein sehr genau Turgenjevs Stil und Methode und versuchte, dessen Sprache durch plastische Kompositionen in den Film zu übertragen.

Als Eisenstein im September an Pocken und anschließend an einer schweren Grippe erkrankt, müssen die Dreharbeiten für mehrere Wochen unterbrochen werden. Zwei Drittel des Films sind zu diesem Zeitpunkt fertiggestellt. Der Leiter der Hauptverwaltung, Boris Schumjatski, sieht sich dieses Material an und beurteilt es als eine von der Realität abgehobene Arbeit. Er kritisiert, daß sich Eisensteins Aufmerksamkeit «einzig auf die Metaphorik der entfesselten Elemente» richtet. Eisenstein zeige «den Prozeß der Kollektivierung des Dorfes als Leiden und Zerstörung . . . die Kolchosebauern als Vandalen». Statt realistisch gezeigter Menschen gäbe es in dem Film eine Vielzahl von «Personen biblischen und mythologischen Charakters». Stepoks Vater trage Züge eines «mythologischen Pans» und Stepok selbst Züge eines «heiligen, vom Schicksal gezeichneten Jünglings»[279]. Schumjatski fordert Eisenstein auf, das Konzept des Films noch einmal zu überarbeiten. In der langen Zeit des Krankenlagers ändert sich auch Eisensteins Einstellung zu einigen Teilen des Films. Im Spätherbst schreibt Eisenstein zusammen mit Isaak Babel das Szenarium um, und die Dreharbeiten werden wieder aufgenommen. Zwar bemüht er sich um eine realistischere Ausformung der Charaktere und eine stärkere Betonung der gesellschaftlichen Seite der geschilderten Auseinandersetzung, doch letztlich bleibt es bei einem – wie Moussinac schreibt – «Tragödien-Gedicht, in dem die avantgardistischen Elemente übertrieben bis zur Kitschigkeit erscheinen; das Ganze hatte etwas Willkürliches»[280].

Am 17. März 1937 läßt die Hauptverwaltung nach eingehender Prüfung durch ein Künstlergremium die Produktion der *Beschin-Wiese* – zwei Millionen Rubel hat sie gekostet – einstellen. Kurz darauf begründet Schumjatski diesen Schritt in der «Prawda»: «Die Geschichte der ersten Inszenierung wiederholt sich. Wieder räumte der Regisseur der Zerstörungswut den ersten Platz ein . . . Wieder basiert die Konzeption des Films nicht auf den Phänomenen des Klassenkampfes, sondern auf dem Kampf elementarer Naturkräfte, auf dem Kampf zwischen ‹Gut und Böse›. Der Regisseur beschreibt den bestialischen und unbegründeten Haß der Einen, die Heiligkeit der Anderen . . . Es kann kein Zweifel daran bestehen: die Realisierung der *Beschin-Wiese* hat S. M. Eisenstein nur als Vorwand zu formalistischen Übungen interessiert.»[281]

Eisensteins Verzicht auf Isolation konnte zwar noch nicht die Garantie für einen Film ohne Fehler sein, aber immerhin Garantie dafür, Fehler und ihre Ursachen klar zu erkennen. Nach einer Reihe von Diskussionen mit Freunden, Kollegen und Arbeitern von Mosfilm veröffentlicht Eisenstein eine Selbstkritik, *Die Fehler der Beschin-Wiese* [282]: So typisch die *Potemkin*-Episode für die Revolution von 1905 war, so atypisch ist das in der *Beschin-Wiese* geschilderte tragische Geschehen für den Kollektivierungsprozeß in der Landwirtschaft. Der Mord ist möglich, aber nicht charakteristisch, erhält jedoch dadurch, daß er in der ersten wie in der zweiten Drehbuchversion im Mittelpunkt der Handlung steht, eine verallgemeinerte Bedeutung. Die künstlerische Bewältigung des Films mußte scheitern an der Aufmerksamkeit, die statt auf den Menschen, seinen Charakter, seine Handlung auf Nebensächlichkeiten wie verzerrte Weitwinkelaufnahmen, komplizierte Aufnahmewinkel, Ausstattung, Licht- und Toneffekte gelegt wird; und bei den Personen, statt lebendiger Ausdruck, Masken, *die von der lebendigen Erscheinung getrennten Extreme einer verallgemeinerten «Typifikation» . . . Übertriebene Verallgemeinerung, gelöst vom Besonderen und von der Realität*

Vier Szenen aus «Die Beschin-Wiese»

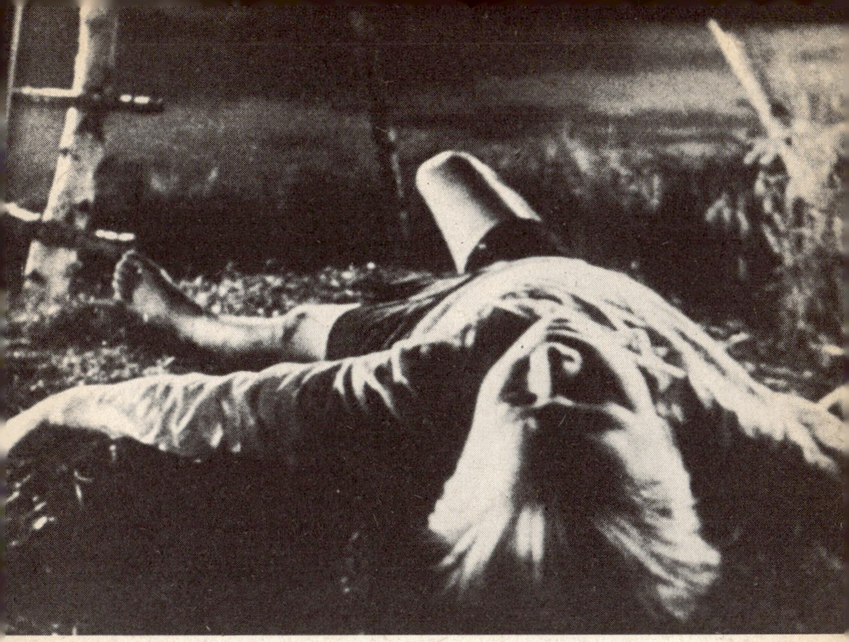

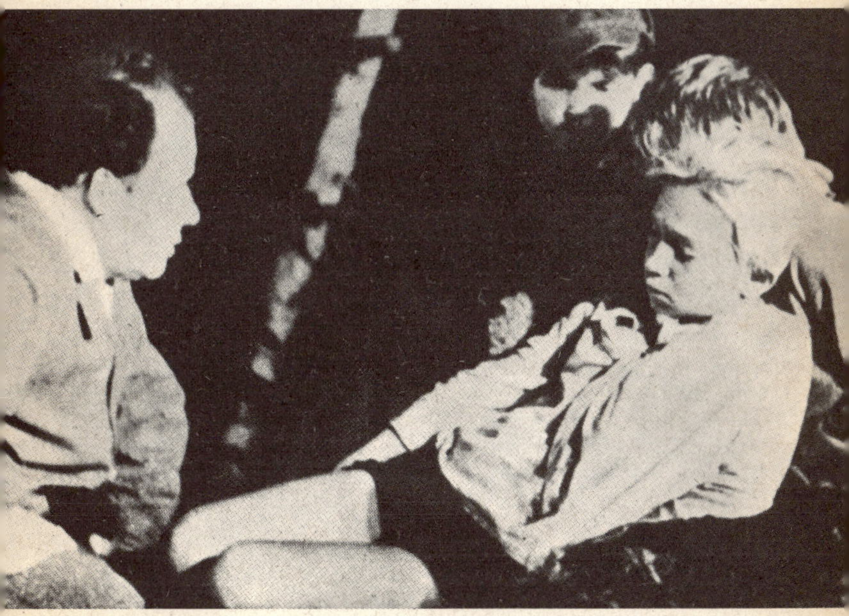

führt das gesamte Ausdruckssystem in die einzig mögliche Richtung, zu mythologisch stilisierten Gestalten und Beziehungen. Der grundsätzliche Fehler liegt in der tiefsitzenden intellektuellen und individualistischen Illusion ... daß man wirklich revolutionäre Arbeit nur «von sich aus» leisten kann, außerhalb vom Schoß des Kollektivs ...[283]

Negativ und Arbeitskopie der *Beschin-Wiese*, gelagert im Mosfilm-Studio, werden 1942 durch einen deutschen Bombenangriff auf Moskau vernichtet. 1967 stellen Jutkewitsch und der sowjetische Filmwissenschaftler Naum Klejmann aus Bildern von einzelnen Einstellungen hauptsächlich der ersten Version – Eisenstein hatte zu allen Einstellungen seiner Filme Positivkopie-Fotos aufbewahrt – einen Fotofilm in der Länge von 35 Minuten her. So richtig Schumjatskis Kritik an der *Beschin-Wiese* in der Hauptsache auch war, für Eisenstein hatte sie vor allem wegen der Art, wie sie geäußert wurde, und wegen des unberechtigten Vorwurfs, den ideologischen Gehalt des Films bewußt herabgesetzt zu haben, einen feindseligen Charakter. Zudem mußte ihn die plötzliche Entscheidung, die Arbeit am Film abzubrechen, wie ein Schlag treffen. Wenn Eisenstein die während der Arbeit von Schumjatski immer wieder geäußerte Kritik als berechtigt erkennt, diese Einsicht aber nicht in die Tat umsetzt, läßt sich daraus schließen, daß eine Trotzhaltung gegen den persönlichen Feind hierbei eine Rolle spielt. In seinem selbstkritischen Aufsatz betont Eisenstein, daß es vor allem die Arbeiter des Produktionskollektivs vom Moskauer Filmstudio sind, die ihm helfen, seine Fehler zu erkennen, *die Fehler in der Methode und die Fehler in meiner sozialen und politischen Haltung* [284] und daß auch sie es sind, die ihn davor bewahren, wegen dieser Fehler verbittert zu werden.

Eisenstein hatte versucht, sich von der Gesellschaft zurückzuziehen, als er die Anforderungen, die diese an ihn stellte, als zu groß empfand, und er wartete darauf, daß die Gesellschaft ihre Anforderungen zurückschraubte. Den Anschluß an die Gesellschaft findet er erst wieder, als er erkennt, daß es zunächst nicht um die weitere Änderung der Gesellschaft oder Änderung ihrer Anforderungen an ihn, sondern immer noch um seine eigene Änderung geht. Als er erkennt, daß seine Schwierigkeiten immer noch die Schwierigkeiten der Umerziehung des fortschrittlichen Kleinbürgers zum festen Bündnispartner des Proletariats sind und daß Filmemachen für fortschrittliche Intellektuelle eine andere Sache ist als Filmemachen für das gesamte Volk, daß dieses Volk durchaus entscheiden kann, welche Filme es versteht und welche seiner kulturellen und politischen Weiterentwicklung dienen, und daß dieses Volk das Recht hat zu bestimmen, welche Filme auf seine Kosten produziert werden sollen. *Der geistige und materielle Herr der sowjetischen Filmkunst ist der Zuschauer selbst, und zwar nicht als einzelner Mensch, der an der Kasse eine Eintrittskarte kauft, sondern als Volk, das diese Kunst inspiriert und mit den Händen seiner Filmschaffenden selbst so formt, wie es sie braucht und wie es sie will* [285], schreibt Eisenstein 1947.

So ehrlich Eisensteins Selbstkritik im Gehalt gewiß ist, so hat sie doch zugleich auch etwas Gezwungenes, denn in Kritik (Schumjatski) und Selbstkritik (Eisenstein) spiegelt sich die Entwicklung der gesellschaftlichen Kritik-Selbstkritik-Kampagne. Zur Sicherung der proletarischen Macht war 1928 von der Partei die Entfaltung der breiten Massenkritik als Hauptaufgabe zur Verwirklichung des ersten Fünfjahresplans angegeben worden. Doch das revolutionäre Wesen dieser Bewegung (und gerade in diesem Zusammenhang ist die Neuorientierung der Kunstschaffenden zu sehen) wird allmählich beseitigt durch den formal-mechanischen Charakter, den die Bewegung annimmt. Aus der politischen Kritik-Selbstkritik-Kampagne als Teil der Fortsetzung der Revolution wird bald das berüchtigte Denunziations-Selbstbehauptungs-Spiel mit den «Großen Säuberungen», denen viele Revolutionäre, aber nur wenige Reaktionäre zum Opfer fallen. Ursache dieser Fehlentwicklung wiederum ist die falsche Einschätzung der «Angleichung der Klassen», die Annahme, daß nach Beseitigung der feindlichen Klassen auch die Gegensätze zwischen Arbeitern, Bauern und Intelligenz verwischt würden. Natürliche Gegensätze zwischen diesen Klassen werden daher von der Partei nicht als Widersprüche im Volk erkannt. Zusammen mit Tausenden anderen ehrlichen Marxisten werden auch Eisensteins Freunde Tretjakow, Meyerhold und Babel Opfer dieses schweren Fehlers der Partei. Vor allem können nun die Widersprüche (dazu gehört besonders der Gegensatz von Hand- und Kopfarbeit) nicht mehr ausgetragen werden; für die Mehrheit der Kulturschaffenden bedeutet dies, daß der Entwicklungsprozeß zur festen Verbindung mit den Massen willkürlich unterbrochen wird, weil er als abgeschlossen gilt. Von nun an können unter dem Deckmantel der Klassenlosigkeit die nicht-antagonistischen Widersprüche zu tatsächlich antagonistischen gedeihen.

Wenn Eisenstein noch zur wirklichen Einsicht seiner Fehler kommen konnte, so ist das nur auf einen Reflex der Kritik-Bewegung in ihrer Anfangsphase zurückzuführen. Während die revolutionären Arbeiter, mit denen Eisenstein seine Fehler diskutiert, diese Phase repräsentieren, entspricht Schumjatski schon mehr der späteren. Als Schumjatski im Jahre 1938 sein Amt verliert – unter seiner Leitung war von den für die Jahre 1935 bis 1937 geplanten 350 Filmen nur ein Drittel realisiert worden – ist das für Eisensteins weitere Arbeit eine große Erleichterung.

«ALEXANDER NEWSKI» UND DER GUTE
BOLSCHEWIK SERGEJ MICHAILOWITSCH

Das Thema meiner neuen Arbeit kann nur von einer ganz bestimmten Art sein: heroisch im Geist, kämpferisch im Inhalt und volkstümlich im Stil.[286] Dies hatte Eisenstein in *Die Fehler der Beschin-Wiese* geschrieben – und tatsächlich entspricht sein nächster Film diesem Vorhaben sehr genau. Als nach der *Tragödie der Beschin-Wiese* [287] weitere Filmvorschläge Eisensteins (über die Rote Armee und den spanischen Bürgerkrieg) von Schumjatski und der Hauptverwaltung abgelehnt worden waren, kommen ihm, wie der Schriftsteller Wischnewski 1939 schreibt, «die Partei und die Regierung, insbesondere Stalin zu Hilfe»[288]. Sie erteilen Eisenstein den Auftrag, angesichts der zunehmenden weltweiten Gefahr des Faschismus und der unmittelbaren Bedrohung durch das Streben der deutschen Faschisten nach «Lebensraum» im Osten einen Film zu drehen über den unter der Führung von Alexander Newski ausgetragenen Kampf des jungen russischen Volkes gegen die barbarischen Eindringlinge.

Zu Beginn des 13. Jahrhunderts war es mongolischen Horden immer wieder gelungen, Rußland zu überfallen, denn der Widerstand, der ihnen entgegengesetzt wurde, war wegen der Uneinigkeit der russischen Fürstentümer und Städte nur schwach. Als noch größere Gefahr von Westen her drohte, nämlich der Deutsche Ritterorden auf seinem Kolonisationsmarsch, rief der Nowgoroder Fürst Alexander seine Landsleute auf, Streitereien und Bruderkämpfe zu vergessen und sich dem Feind gemeinsam entgegenzustellen. Am 5. April 1242 bereiteten vereinte Truppen des russischen Volkes, angeführt von Alexander Newski, den deutschen Aggressoren in der Schlacht auf dem vereisten Peipus-See eine vernichtende Niederlage. *Die Zerschlagung der «Ritterhunde» auf dem Peipus-See wurde damals für ein unvorhergesehenes, erschütterndes «Wunder» gehalten ... Das einzige Wunder in der Schlacht am Peipus-See war die Genialität des russischen Volkes, dem zum erstenmal seine nationale Stärke und seine gemeinsamen Ziele zu Bewußtsein kamen ... Aus seiner Mitte kam der geniale Stratege und Heerführer Alexander, unter dessen Führung es die Heimat verteidigte und den tückischen Feind schlug,* schreibt Eisenstein 1939 und fügt, drei Jahre vor der Schlacht von Stalingrad, hinzu: *Nicht anders wird es allen denen ergehen, die es heute wagen sollten, Hand an unsere Heimat zu legen.*[289] Und so soll es denn Aufgabe dieses Films über Alexander Newski werden, *Mut und Zuversicht in die Herzen derer zu tragen, die noch immer meinen, der Faschismus sei unbesiegbar, wie einst im 13. Jahrhundert die Ritterorden für unbesiegbar gehalten wurden* [290].

Im August 1937 beginnt Eisenstein zusammen mit dem Schriftsteller Pjotr Pawlenko die Arbeiten am Drehbuch. Wie immer stehen am Anfang umfangreiche historische Studien. Zum erstenmal hat es Eisenstein mit einem Stoff der älteren Geschichte zu tun und der Zugang zu der 700 Jahre zurückliegenden Epoche fällt ihm nicht leicht. Zunächst versucht er, dieser Epoche über die Sprache der Chroniken, über Bilder und

Alexander Newski (rechts) und ein Mongolenfürst (aus «Alexander Newski»)

Architektur näherzukommen. Eisenstein fährt nach Nowgorod und sucht *lebendige Berührungspunkte mit diesen uns so fernen und gleichzeitig so nahen Menschen. Er versucht, von den Türmen der Stadt das Geheimnis ihrer längst gebrochenen Augen zu ergründen und den Rhythmus ihrer Bewegungen einzufangen,* indem er die noch erhaltenen Dinge, die durch ihre Hände gingen, betastet. *Aber das führt uns nicht ans Ziel. Alles bleibt Wachsfigurenkabinett oder ungeschickte Stilisierung.*[291] Und was das Hauptproblem ist: wie die Kirche verleihen auch Sprache und Kunst des 13. Jahrhunderts Alexander den Rang eines «Heiligen», aus dem *nicht ohne weiteres die Volksverbundenheit des nüchternen, real denkenden, umsichtigen und energischen Politikers herauszulesen ist* [292]. Dann steht Eisenstein bewundernd vor der Nowgoroder Erlöserkirche: *Diese Steine sahen Alexander, Alexander sah diese Steine . . . Ein herrliches Gebäude,* doch die Sprache, die uns mit ihm verbindet, ist vorläufig noch die Sprache der Ästhetik. Plötzlich fällt sein Blick auf eine vor der Kirche aufgestellte Tafel, auf der zu lesen steht, daß das Bauwerk im Laufe von nur wenigen Monaten entstanden ist.

Die kleine Tafel ändert mit einem Schlag unser Verhältnis zu den steinernen Säulen, Bögen und Decken: Jetzt reden sie plötzlich zu uns als lebendige Zeugen ihrer schnellen Entstehung, als lebendige Zeugen menschlicher Arbeit . . . Die Menschen, die ein solches Wunderwerk in wenigen Wochen errichten konnten, waren ganz anders, als wir sie auf Heiligenbildern und Miniaturen, auf den Hochreliefs und den Kupferstichen sehen. Es waren Menschen wie wir...[293] Alle «formalistischen» Versuchungen hatten ihren Reiz verloren... Und in den Vordergrund trat eine Empfindung, ein Gefühl, alles zu verallgemeinern, ein in erster Linie zeitgemäßes Werk zu schaffen: An den Chroniken und den anderen alten Berichten verblüfften immer wieder die Parallelen zur heutigen Zeit.

Ich werde nie den Tag vergessen, an dem ich die Zeitung mit der Schilderung von der Zerstörung Guernicas durch die vertierten faschistischen Horden mit historischen Berichten über die Zerstörung Gersiks durch die Kreuzritter vertauschte und... die fast wörtliche Übereinstimmung beider Berichte feststellen mußte. Das hatte einen noch nachhaltigeren Einfluß auf unsere Einstellung zum Stoff und auf den Stil seiner künstlerischen Bearbeitung.[294] Die Betrachtung geschichtlicher Gestalten auf der Grundlage des historischen Materialismus bestimmt den Charakter Alexanders im Film. Vom Himmel auf die Erde geholt, erscheint der Held als der *Mensch... der er war:* als der *einzig von der großen Idee der Macht und Unabhängigkeit der Heimat besessene Sie-*

Die Schlacht am Peipus-See («Alexander Newski»)

ger Newski; der Begriff der Heiligkeit wird befreit *von seinem zwie-*
lichtigen Glorienschein und verstanden als *die höchste Form der Wert-*
schätzung, die mehr ausdrücken soll als die damals üblichen Attribute
wie «der Kühne», «der Tapfere» oder «der Weise»[295]. In dem sowjetischen historischen Film dieser Etappe (z. B. «Peter der Große» von
Petrow, «Minin und Poscharski» und «Suworow» von Pudowkin) steht
das Volk nicht länger im Hintergrund, sondern ist Basis der Taten ihrer
Führer. Und somit werden auch die Taten des Volkes und nicht die von
Einzelpersönlichkeiten als die bewegende Kraft der Geschichte dargestellt. Um zu verdeutlichen, daß die besten Eigenschaften Alexanders
Teil der Schöpferkraft des eigenen Volkes sind, aus dem Volk entstehen
und sich nicht getrennt von ihm entfalten können, stellt Eisenstein dem
Heerführer Charaktere zur Seite, die einzelne Wesenszüge Alexanders
verkörpern: zwei verdiente Kämpfer, den ungestümen Draufgänger
Buslai und den klugen Gawrilo sowie den patriotischen Waffenschmied
Ignat, der den ganzen Humor und die Weisheit des russischen Volkes
und dessen selbstlose Liebe zum Vaterland verkörpert. Am Abend vor
der Schlacht erzählt Ignat das Volksmärchen vom Hasen, der den Fuchs,
der ihn verfolgt, zwischen zwei Birken lockte, die so eng standen, daß

er selbst zwar hindurchspringen konnte, der Fuchs sich aber zwischen ihnen verkeilte. Das Märchen wird zum «Newtonschen Apfel», der Alexander ... auf das strategische Bild einer Schlacht auf dem Eis bringt [296], auf den Plan, die deutschen Angreifer ebenfalls in eine Falle zu locken, die als unbezwingbar geltende Keilerformation des Ritterordens nicht von vorn, sondern von den Flanken her anzugreifen, die Feinde aufs Eis zu drängen und sie von allen Seiten zu umzingeln; die dünne Decke des April-Eises unter den schwergepanzerten Rittern würde ein übriges tun. Und Ignat ist es, der sein gesamtes Waffen- und Rüstungsarsenal verschenkt und für sich selbst nur noch ein zu kurzes Kettenhemd zurückbehält, das ihm schließlich zum Verhängnis wird. Alexander vereint diese Wesensmerkmale in sich und – was entscheidender ist – er vermag sie als Wesensmerkmale des Volkes so zu koordinieren, daß sie zur unbesiegbaren Stärke werden.

Im November wird ein erster Drehbuchentwurf mit dem Titel «Rusj» veröffentlicht; die Autoren werden daraufhin mit Kritik und Verbesserungsvorschlägen aus den Reihen der Bevölkerung überschüttet, und Eisenstein erfährt einmal mehr, wie sehr *das Volk am Schaffen eines Künstlers teilnimmt. Es umgibt ihn mit Liebe und Sorge, es inspiriert ihn, es hilft ihm durch Rat und Kritik.* [297] Eisenstein arbeitet nun an der Endfassung des Drehbuchs und fertigt umfangreiche Skizzen an. Im Winter besichtigt er die authentischen Orte der historischen Ereignisse. Da die noch aus dem 13. Jahrhundert erhaltenen Bauwerke Nowgorods durch Absinken ihre ursprünglichen Proportionen verloren haben, wird ein neues Nowgorod fürs Studio entworfen. Die Schlacht auf dem Eis soll auf dem Ilmen-See gedreht werden – noch in diesem Winter. *Doch die Fortsetzung unserer Arbeit verzögerte sich, und so blieb uns als einziger Ausweg, die Aufnahmen mit Winterlandschaft ... auf die Monate Januar bis März des nächsten Jahres zu verschieben ... Oder dem verwegenen Vorschlag des Regisseurs D. Wassiljew, eines neuen Mitglieds unseres Kollektivs, zu folgen und den Winter – im Sommer aufzunehmen. Die Wahl einer von Eduard Tisse glänzend fotografierte unvergleichliche Eissymphonie – übers Jahr, oder den fertigen Film als vernichtende patriotische Waffe – zweimal früher* [298] fällt dem Team nicht schwer; Drehbeginn ist im Juni.

Patriotismus heißt unser Thema. Dieser Satz stand auf einem Stück Papier, auf dem ich meine ersten Gedanken zu dem mir übertragenen Filmprojekt niedergelegt hatte ... [299] Eisenstein konzentriert sich darauf, das gemeinsame der beiden historischen Situationen, das allgemeine der gegenwärtigen Situation mit Hilfe der vergangenen aufzuzeichnen. Eben diesem Ziel ist alles untergeordnet: daher Klarheit statt genauester historischer Detailtreue als Prinzip des Films von vornherein. Das gilt für die Sprache, die Dialoge, die Handlung, die Architektur, die Landschaft und die Menschen. Alle Personen des Films sprechen russisch und nur andeutungsweise ein Russisch des 13. Jahrhunderts. Und *trotz der recht beträchtlichen Zahl von Dialogen* wird in diesem Film *verhältnismäßig wenig gesprochen* [300]. Enthält das Drehbuch noch verzweigte Nebenhandlungen, so reduziert der Film die Handlung und die Situationsbeschreibung auf das Wesentliche.

Nachdem die Frage *echter Schnee oder echtes Heldentum?* [301] beant-
wortet war, wird ein Obstplantagengelände neben dem Mosfilm-Studio
mit Hilfe von Kreide und flüssigem Glas in eine Schnee- und Eisland-
schaft verwandelt, unter Verzicht auf eine genaue Vortäuschung des
Winters. *Wir beschränken uns vielmehr auf die Wiedergabe der Laut-
und Farbenproportion des Winters: weißer Grund bei dunkel verhan-
genem Himmel ... In dieser Zurückführung der winterlichen Elemente
auf das Wesentlichste liegt das Geheimnis unseres Erfolgs.* [302] Das
Hauptgebot der Klarheit ermöglicht Eisenstein eine sinnvolle Verbindung seiner Typisierungsmethode mit dem Charakterspiel. Die schau-
spielerische Darstellung rückt niemals in den Vordergrund, sondern ist
wie die Montage, die Komposition, die Musik usw. gleichberechtigte
Komponente im System der Ausdrucksmittel des Films. Die Typisierung
hat sogar trotz namhafter Stanislawski-Schüler den Vorrang. Das Bild
des Deutschen Ritterordens – Eisenstein skizziert es gleich zu Beginn
seiner Arbeit an *Alexander Newski* – wird zum entscheidenden Faktor
für die Atmosphäre des Films. Dieses Bild ist ganz und gar bestimmt
von Eisensteins in der Jugendzeit geprägten Vorstellung der Bewegung
einer unpersönlichen, seelenlosen Maschine. In der Schlacht wird daraus *die Lawine eiserner «Widder»* – wie die Soldatenreihe in *Panzerkreuzer Potemkin: ... ohne Gesichter. Diesmal physisch durch Helme
verdeckt, deren Sehschlitze die gleichen Umrisse haben wie die der späteren «Tiger» und «Panther».* [303] Auch in den übrigen Szenen bleiben
die deutschen Ritter anonym; die wenigen Ausnahmen sind die Anführer, die mit weißen, eiskalten Gesichtern ihr grausamen Befehle erteilen und persönlich im Namen Gottes kleine Kinder ins Feuer werfen,
sowie ihre Handlanger. Demgegenüber stehen die russischen Truppen,
dargestellt als Versammlung von lebendigen Einzelpersönlichkeiten (dieser Gegensatz wird dann noch akustisch verstärkt durch die in Thema
Deutscher Ritterorden und Thema russisches Volk geteilte Musik). Aber
selbst bei den Hauptfiguren verzichtet Eisenstein auf psychologische
Vielschichtigkeit und Kompliziertheit. Aufgabe der Darsteller ist allein
die Herausarbeitung der wesentlichen Eigenschaften. – Schon im Herbst
sind die Dreharbeiten beendet und Eisenstein beginnt mit der Montage.

In *Das Mittlere von Dreien* hatte Eisenstein dem neuen Sujetfilm
vorgeworfen, allzu häufig auf eine anekdotische Fabel auszuweichen und
und dabei *alle übrigen Mittel einer emotionalen und ideologischen Einwirkung auf den Zuschauer* [304] zu ignorieren. *Die Einstellung ist aus-
druckslos. Erlebnisse sind poetisch. Ihre filmische Darbietung jedoch
hölzern.* Eisenstein fordert seine Kollegen auf, sich an Filmsprache und
-form zu erinnern und *Sujet und Fabel ... mutig bei den Hörnern zu pak-
ken ... eine Sujetkultur fällt nämlich nicht vom Himmel ... Es gilt
nicht, zu dieser (mittleren) Periode zurückzukehren ... Wir rufen aber
zu einer Synthese des Besten auf, was die Filmkunst der früheren Etappen in ihrem Kampf für ein eigenständiges Profil des sowjetischen Films
geleistet hat – zu einer Synthese all des Wunderbaren, was auf den
Ebenen von Sujet, Fabel und ideologischer Vertiefung des Marxismus-
Leninismus ein neues Bedürfnis initiiert und eine neue Forderung erhebt.*

Aus «Alexander Newski»

In der *Beschin-Wiese* hatte Eisenstein noch versucht, dem Vordringen der Extreme einer prosaischen Filmgestaltung mit dem Extrem der poetischen Filmform entgegenzuwirken – ohne eine tatsächliche Alternative aufzeigen zu können. Mit *Alexander Newski* nun gelingt ihm die Synthese, von der er gesprochen hatte, und er beweist, daß die Montage, wenn auch nicht mehr vorrangiges Ausdrucksmittel, so doch eine notwendige Voraussetzung zum Film des sozialistischen Realismus ist. *Es gab in unserer Filmkunst eine Periode, in der die Montage «alles» galt. Jetzt geht eine Periode ihrem Ende zu, in der die Montage «nichts» gilt. Wir hängen keinem der beiden Extreme an und halten es für erforderlich, jetzt daran zu erinnern, daß die Montage ein ebenso notwendiger Bestandteil eines Filmwerkes ist wie alle anderen Elemente der filmischen Einwirkung* [305], schreibt Eistein in *Montage 38*, einem grundlegenden Aufsatz, den er während der Arbeit an *Alexander Newski* verfaßt. Als Hauptfehler jener «Periode der Montagehegemonie», als deren wichtigster Vertreter er gilt, benennt er darin selbstkritisch das vorwiegende Interesse für das *Material*, für die Möglichkeiten der Gegenüberstellungen. Diesem Extrem der *Leidenschaft für die technischen Fragen der Vereinigung (Montagemethode)* stand nun in der nächsten Periode das Extrem des *ausschließlichen Interesses für die zu vereinigenden Elemente (für den Inhalt der einzelnen Bildausschnitte)* gegenüber. Eisenstein kommt es jetzt darauf an, *beide Extreme in das richtige Verhältnis zu bringen. Die Montage hat dann eine realistische Bestimmung, wenn die Einzelteile in der Gegenüberstellung etwas Allgemeines, die Synthese des Themas ergeben, d. h. ein verallgemeinertes Bild, das das Thema verkörpert.*[306] In den Prozeß der Entstehung verallgemeinerter Bilder aus Abbildern im Gefühl und Verstand des Betrachters sieht Eisenstein das Merkmal des *dynamischen Kunstwerkes im Gegensatz zu einem leblosen, das dem Betrachter die dargestellten Resultate irgendeines abgeschlossenen Schaffensprozesses mitteilt* [307]. Und Voraussetzung für das Entstehen des verallgemeinerten Bildes ist dabei das Gesetz, *daß die schöpferische Technik (unter den speziellen Bedingungen der Kunst) ... den Prozeß ganz genau so nachbildet, wie er im Leben abläuft* [308]. Die Szene «Angriff der Ritter» in *Alexander Newski ist in allen ihren Nuancen, die das Erleben des wachsenden Schreckens zeigen, dem Augenblicke «abgehört», in dem sich das Herz angesichts der heranrückenden Gefahr zusammenkrampft und zum Halse herausschlägt ... Das tosende Schlagen des erregten Herzens diktierte den Rhythmus des Hufgetrampels: darstellerisch ist das der Angriff der galoppierenden Ritter, kompositorisch ist es das Schlagen des bis zum äußersten erregten Herzens. Im Ergebnis des Werkes sind sie beide – Darstellung und kompositorischer Aufbau – hier untrennbar verschmolzen in dem drohenden Bild vom Beginn der Schlacht auf Leben und Tod.*[309]

Die «Odessaer Treppe» und den «Angriff der Ritter» bezeichnet Eisenstein als eigene Stufen auf dem *Weg zum Montagebild als Episode, zum Montagebild als Szene, zum Montagebild als Film im ganzen ... Die endgültige künstlerische Einheit wird erreicht sein, sobald das Problem der vollendeten Synthese von Optischem und Akkustischem geklärt sein wird, mit dem wir uns gegenwärtig beschäftigen* [310], schreibt er während der Arbeit an *Iwan Grosny*, wobei zu diesem Zeitpunkt der wichtigste Schritt durch *Alexander Newski* bereits getan ist: es gelingt *zum erstenmal eine wirkliche Einheit von Bild und Musik zu erzielen* [311].

So komisch es klingen mag – für mich persönlich ... ist «Alexander Newski» der erste Tonfilm. Und so setzt Eisenstein während der Montage alles daran, endlich das zu verwirklichen, wovon er in den zehn Jahren seit dem Erscheinen des von ihm mitverfaßten Tonfilmmanifests träumte, *das, was uns an den Prinzipien der akustisch-optischen Verbindungen so sehr reizte ... Wie gern hätten wir ruhig und systematisch experimentiert ... Aber der Film muß schnell fertig werden, will man ihn doch dem Aggressor wie eine Granate in die räuberische Fratze schleudern. Der 7. November ist als Fertigstellungstermin festgelegt. Es schien uns völlig unmöglich, in so kurzer Frist eine organische Verschmelzung von Musik und Bild und eine strenge innere Übereinstimmung zwischen den optischen und musikalischen Bildern zu erreichen, worin ja im Grunde das ganze Geheimnis des Tonfilms besteht ... Hier kommt uns der «Magier und Zauberer» Sergej Prokofjew zur Hilfe ... Prokofjew, in dem sich ein glänzendes Talent mit unnachahmlicher fachlicher Meisterschaft und beispiellosem Arbeitstempo*

Mit Sergej S. Prokofjew

aufs glücklichste vereinen, schafft es in kürzester Zeit, *das innere Wesen der Darstellung zu erfassen, aus der provisorisch montierten Szene
die Logik ihrer Komposition zu erkennen und all das musikalisch zu gestalten ... Die Mischung von Ton und Bild erreicht einen Grad an Voll-
kommenheit, über den wir auch in dreimal längerer Zeit nicht hinausgekommen wären.*[312]

In der Zusammenarbeit mit Prokofjew – *In Prokofjew haben wir
(Eisenstein und Tisse) den dritten Gefährten gefunden auf unserem Weg
zum vollendeten Tonfilm, von dem wir träumen* [313] – sieht Eisenstein
die Gewähr, daß Musik und Montageablauf vollständig verschmelzen.

Der Film wird fertig zum vorgesehenen Termin, und am 23. November findet die Premiere statt. Die Mehrheit der Kritiker ist sich darin
einig, daß Eisenstein auf dem Gebiet des Tonfilms das geglückt ist, was
für den Stummfilm *Panzerkreuzer Potemkin* bedeutete: die konsequente,
strenge Unterordnung aller Gestaltungsmittel unter das Thema, das allein auf den optimalen Ausdruck dieses Themas gerichtete Wechselspiel
der Gestaltungsmittel, die Synthese von Idee und allen Gestaltungsmit-
teln. – «Polyphonie», «cine-plastische Synfonie» sind bezeichnende
Namen, die man *Alexander Newski* gibt, und Eisenstein selbst spricht
von einer *Fuge zum Thema des Patriotismus.*

Der Erfolg des Films bei den sowjetischen Zuschauern ist außerordentlich groß. Ein entscheidender Faktor für diesen Erfolg ist die Tatsache, daß *Alexander Newski* nach Aussage der Zuschauer genau wie

ein höchst aktueller Film aus unserer Zeit wirkt; so eng sind die Gefühle, die das russische Volk im 13. Jahrhundert bei der Abwehr des Feindes beseelten, den Gefühlen verwandt, die das sowjetische Volk heute empfindet. Am 1. Februar 1939 erhält Eisenstein für *Alexander Newski* den Leninorden. – Stalin, nachdem er den Film gesehen hat: «Sergej Michailowitsch, du bist doch ein guter Bolschewik!»[314]

Während des deutsch-sowjetischen Nichtangriffspaktes wird *Alexander Newski* vom Verleih zurückgehalten und kommt dann nach Bruch des Vertrags durch Hitler um so massiver zum Einsatz. Nikolaj K. Tscherkassow: «Ich hatte Gelgenheit, den Einfluß dieses Films während des Krieges nachprüfen zu können. Ich sprach mit den Soldaten, die ihn an der Front gesehen hatten, wir sahen ihn uns gemeinsam an, ich beantwortete ihre Fragen – und immer wieder wurde ich davon überzeugt, daß Alexander Newski im Geiste unserer Zeitgenossen weiterlebt.»[315]

Bis 1966 durfte *Alexander Newski* in der BRD öffentlich gar nicht und in geschlossenen Veranstaltungen nur in einer Zensurfassung gezeigt werden, in der das Original so verschnitten worden war, daß aus den russischen Truppen die Angreifer und aus dem Deutschen Ritterorden harmlose Menschen und bemitleidenswerte Opfer wurden.

Nach *Alexander Newski* befaßt sich Eisenstein zunächst mit dem Plan, einen Film nach einer Vorlage von Alexander A. Fadejew über die Bürgerkriegskämpfe auf der Krim und den Sturm auf die Stadt Perekop zu drehen. Als ihm dann Pawlenko nach einer Reise ins Usbekistan-Gebiet vom Bau des Fergana-Kanals erzählt, läßt Eisenstein das

Einheit von Bild und Ton: montierte Bilder mit Prokofjews Noten dazu

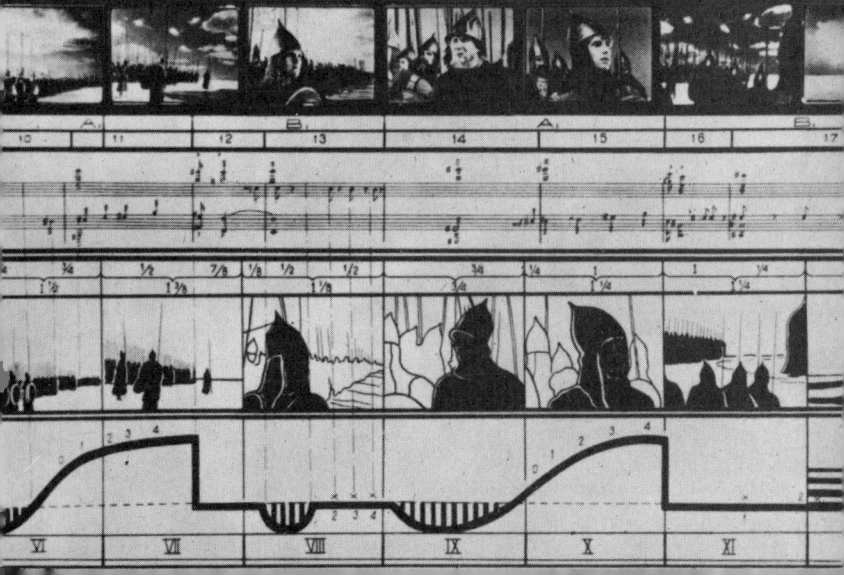

«Perekop»-Vorhaben fallen zugunsten eines Projekts über den Kampf der Menschen in Zentralsien ums Wasser. In dem Szenarium, das Eisenstein zusammen mit Pawlenko im Sommer schreibt, wird dieser Kampf ums Wasser in drei historischen Abschnitten geschildert: Hervorragende Bewässerungsanlagen machen das ganze Land im Altertum fruchtbar, bis sie im 14. Jahrhundert durch den Mongolenfürsten Tamerlan zerstört werden; in der Zeit der Zarenherrschaft müssen die Menschen um jeden Tropfen Wasser kämpfen; und schließlich bauen die Kolchosebauern ihren «*Fergana-Kanal», der dem sozialistischen Zentralasien Reichtum und Wohlstand in ungeahnten Ausmaßen bringt* [316]. Die letzten Vorbereitungsarbeiten zum *Fergana-Kanal* sind im Herbst beendet – der Drehbeginn steht unmittelbar bevor, doch als mit Ausbruch des Krieges die sowjetische Filmproduktion neu organisiert wird, gehört *Fergana-Kanal* zu den Projekten, die fallengelassen bzw. verschoben werden.

Im Dezember kehrt Eisenstein noch einmal ans Theater zurück: *Man kann nicht bestreiten, daß das Theater standhaft meine Attacken aushielt* [317] (Eisenstein 1940). Bereitwillig kommt er einer Einladung des Bolschoi-Theaters nach, Wagners «Walküre» zu inszenieren, denn damit bietet sich für ihn eine gute Gelegenheit, seine Kenntnisse in der Musikdramaturgie zu vertiefen, vor allem aber die Möglichkeit, die Bild-Ton-Montage zu erproben (speziell das Verhältnis von Musik und Farbe und die Umsetzung von Musik ins Optische), Komplexe, über die er gerade theoretisch arbeitet. *Was mich am meisten fesselte an Wagner waren seine Ansichten über das synthetische Schauspiel . . . Das Problem der Synthese aller Künste ist für den Film von außerordentlicher Bedeutung . . .* [318] Die Premiere der «Walküre» in der Eisenstein-Inszenierung (Dekors und Kostüme ebenfalls von Eisenstein) findet im November 1940 statt.

Seit der intensiven Arbeit am «monistischen Ensemble» der Gestaltungsmittel bekennt er sich zur Tradition einer Theaterrichtung, die von Kabuki über Wagner und seinen Ideen vom Gesamtkunstwerk bis zu Meyerhold reicht. Er versteht sich als ein Künstler, der die Vorstellungen seiner Vorgänger vervollkommnen oder überhaupt erst realisieren kann – und dies mit Hilfe eines Mediums, in dem die Erlangung der Einheit zwischen Mensch und Raum kein Problem mehr ist, mit Hilfe des Theaters in *seiner fortschrittlichsten Form – dem Film* [319]. Was Eisenstein (neben der Dreidimensionalität) zur Erlangung der *Einheit des vollkommenen Filmbildes* [320] noch fehlt, um *die Träume . . . eines Wagner . . . von der akustisch-optischen Synthese Wirklichkeit werden zu lassen, ja, noch zu übertreffen*, ist die Farbe. Der Tonfilm *schreit nach Farbe*, denn *die melodische Verschmelzung des Bildes mit dem Ton wird am deutlichsten durch die Lichtnuancierung erzielt, die von der Farbnuancierung nicht zu trennen ist. Und so . . . wird der Film die absolute organische Einheit, d. h. die Einheit von Bild und Ton, erst als farbiger Film erreichen.* [321] Für Eisenstein ist die Farbe weniger der amorphe *Status quo der «Gegebenheit» . . . in der Natur* [322] oder Dekorationsmittel, als vielmehr *Träger einer bestimmten Bedeutung . . . dramatischer und dramaturgischer Faktor* – immer wieder betont er deshalb: Nicht bunter Film, sondern farbiger Film!... *Unsere Leinwand soll frei bleiben von grellen Ansichtskartenbildern! In unserer neuen Filmkunst soll vielmehr das Farbenspiel organisch verschmelzen mit Bild und Thema, Inhalt und Drama, Handlung und Musik; und dieser Gemeinschaft soll sich die Farbe als neues, starkes Mittel zur Bereicherung der künstlerischen Sprache und Wirkung des Films zugesellen.*[323] Die Arbeit mit der Farbe als wirkungsstarkes Ausdrucksmittel im bewußten schöpferischen Prozeß beginnt für Eisenstein *in jenem Moment, da die absolute, beziehungslose Koexistenz der Erscheinungen aufgelöst und statt dessen eine von dem Verhältnis zur Erscheinung und von der Weltanschauung des Künstlers bestimmte kausale Wechselbeziehung der einzelnen Elemente dieser Erscheinung hergestellt wird*[324].

Den eigentlichen Beginn der Arbeit an der Farbe sieht Eisenstein in der «Walküre»-Inszenierung, wo es ihm im «Feuerzauber»-Bild weitgehend gelingt, *die Elemente der Wagnerschen Partitur mit den wechselnden farbigen Lichteffekten auf der Bühne zu vereinen... Fast zur gleichen Zeit mit der Arbeit an Wagner wird mir nahegelegt, mich ernsthaft mit dem Problem Farbe im Farbfilm zu beschäftigen.* Mosfilm bietet ihm zur Verfilmung Themen an wie Giordano Bruno, die Agententätigkeit des T. E. Lawrence in Arabien, die Pest gegen Ende des Mittelalters – doch sie alle stehen zu sehr *unter dem Zeichen naturgetreuer «Buntfarbigkeit»... an der die Studioleitung einen Narren gefressen hatte*[325]. Die Vorstellung, daß *man mit dem Einzug von Ton und Farbe im Film... weder die Biographie eines Malers noch die Biographie eines Musikers verfilmen darf, sondern nur ein drittes... die Biographie... eines Dichters!*, bringt ihn auf die *Idee, einen Film über Puschkin zu drehen*[326], genauer: *über Puschkin – den Liebhaber... Die zauberhafte Geschichte von der Liebe des Dichters zu der Frau des Historikers Karamsin...*[327] (Eisenstein begeisterte sich schon für Puschkin, seit er als Kind in Riga eine Aufführung von «Eugen Onegin» gesehen hatte. Später faszinieren ihn die dynamischen Bilder der Puschkinschen Komposition, *das Visuelle, das Plastische und Montagegerechte... bei Puschkin*[328]. Im Herbst 1939 skizziert Eisenstein Ideen zu einem Buch über «Puschkin und der Film».) «Die Liebe des Dichters» soll *der erste, bis ins Kleinste überlegte, ein der Idee nach durchgehender, totaler Farbfilm* werden. (Und in seiner Art als Liebesgedicht Eisensteins erster Film mit psychologischen Schwerpunkten.) Doch dieses Projekt wird *entschieden ad acta gelegt, sobald feststand, daß sich die Technik noch in embryonalem Zustand befindet... Noch kann an ein über Farben wie grobes, buntes Konfetti hinaus wahres System von Farbwerten* nicht gedacht werden.[329]

Nikolaj K. Tscherkassow als Iwan der Schreckliche

Dem Gesetz der materialistischen Geschichtsauffassung folgend, daß *erst die verallgemeinerten Kenntnisse aus der Vergangenheit, multipliziert mit einer eingehenden Analyse der Gegenwart, uns die Möglichkeit geben, das große Werk des bewußten Aufbaus der Zukunft zu vollbringen* [330], waren außer *Alexander Newski* seit 1939 eine ganze Reihe historischer Filme entstanden. Eisenstein, inzwischen künstlerischer Leiter des Mosfilm-Studios, erhält nun den Auftrag, einen Film über das Streben des russischen Volkes unter Iwan IV. nach einem zentralistischen, nationalen Staat zu drehen und damit die Entwicklung des in *Alexander Newski* erfolgreich dargestellten Kampfes für die Einheit und Unabhängigkeit des Volkes fortzusetzen. Im Januar 1941 beginnt Eisenstein mit den Vorbereitungen zu *Iwan Grosny* [331]. Er studiert Chroniken, Geschichtsdarstellungen, Volkslieder und Legenden – das gesamte über Iwan verfügbare Material. Die entscheidende Aufgabe besteht darin, durch das vorherrschende Bild von Iwan als einem Despoten, als einer das Volk terrorisierenden, wilden Bestie hindurch, *die Persönlichkeit Iwan des Schrecklichen und seine historische Rolle von Grund auf neu* zu sehen: *Es war das Hauptziel dieses Zaren, an Stelle der zersplitterten, untereinander verfeindeten Herzogtümer des alten Rußlands einen streng zentralisierten, souveränen Staat zu setzen . . . Die durch Iwan den IV. bedrängten Feudalherren widersetzten sich dem Gedanken einer einheitlichen Gewalt und scheuten sich nicht, ihre Zuflucht zu Verrat und Verschwörung zu nehmen,* und sie sind es auch, die *die strengen Maßnahmen Iwans und seine unnachgiebige Festigkeit zum Schutze der Interessen des Reiches gegen die Eigeninteressen und die unabhängige Macht der Bojaren als übernatürliche Bosheit und krankhaftes Verlangen nach Blut* [332] hinstellen.

Eisenstein plant, den Film über Iwan in zwei Teilen zu drehen, wobei im ersten Teil die Ereignisse um die Besiegung der Tataren in Kasan (und damit die Befreiung von über zweihundertjähriger Fremdherrschaft) und im zweiten Teil der Livländische Krieg im Mittelpunkt stehen sollen.

Am 3. Juli 1941 greifen die Deutschen die UdSSR an. Bald darauf werden Filminstitut und Mosfilm-Studio nach Alma-Ata evakuiert. In Alma-Ata unterrichtet Eisenstein am Institut, beendet die Arbeiten zu seinem ersten Buch (das im August 1942 unter dem Titel *Film Sense* in New York erscheint), schreibt Artikel, spricht im Rundfunk über die dringende Notwendigkeit zum engsten Zusammenschluß an allen Fronten im Kampf gegen die faschistische Aggression und arbeitet – diesmal allein – am Szenarium.

Eisenstein über seine Schaffensmethode bei den Vorbereitungsarbeiten:
Wenn man in guter Arbeitsstimmung ist, schwärmen einem die Bilder durch die rege Phantasie . . . Regieanweisungen werden zu Zeichnungen: die Stimmen und Betonungen der verschiedenen Personen werden als Serien von Gesichtsausdrücken skizziert. Ganze Szenen nehmen zuerst als Stöße von Zeichnungen Gestalt an, bevor sie in Worte gekleidet werden . . . in ihnen sind die ursprünglichen, hauptsächlichen

Elemente der Ideen eingefangen, die später, im Verlauf der kommenden Wochen und Monate, ausgearbeitet, entwickelt und verwirklicht werden müssen.[333] (Eisenstein fertigt über 2000 Skizzen – «optische Stenogramme» – an.)

Im Sommer 1942 ist das Szenarium zu *Iwan Grosny* fertig, und im April 1943, während im Westen noch die militärischen Kämpfe gegen die Invasoren toben, beginnen in Alma-Ata die Dreharbeiten zu dem Film, der einen Beitrag im Kampf gegen den Faschismus auf künstlerisch-ideologischem Gebiet leisten soll. An der Spitze des Filmteams stehen die von *Alexander Newski* her bewährten Künstler: Tscherkassow in der Titelrolle, Komponist Prokofjew, Architekt Schpinel, Tisse als Kameramann für die Exterieurs; neu im Eisenstein-Stab arbeitet als Kameramann für die Interieurs Andrej Moskwin. Aufgenommen werden Szenen zu Teil eins wie auch schon zu Teil zwei; erst in der Endphase der Dreharbeiten konzentriert sich Eisenstein auf die Fertigstellung von Teil eins. Im Herbst 1944 kehrt Mosfilm wieder nach Moskau zurück. Eisenstein montiert hier den ersten Teil des Films; er ist im Dezember fertig und wird im Januar 1945 unter dem Titel *Iwan Grosny* aufgeführt. Dieser erste Teil schildert die Krönung des siebzehnjährigen Iwan, Großfürst von Moskau, zum Zaren (1547). Der junge Herrscher verkündet dem russischen Volk, daß er der autonomen Herrschaft der machtbesessenen Bojaren ein Ende bereiten und ein festes Heer gründen wird, um die in Feindeshand befindlichen Gebiete zurückzuerobern. Es folgen: der siegreiche Kampf des russischen Volkes unter Iwan gegen die Tataren; die Ermordung von Iwans Frau durch die Anführer des Bojaren-Widerstandes; der Verrat von Iwans engstem Vertrauten Kurbski, der mit Teilen des Heeres nach Polen überläuft und dort den Sturz des Zaren vorbereiten will; der Rückzug des resignierenden Iwan auf das Schloß in Alexandrow und schließlich der Pilgermarsch Tausender Russen dorthin. Das Volk ruft seinen Zaren in die Hauptstadt des Reiches zurück und erteilt ihm damit den Auftrag, seine fortschrittlichen Ziele weiterzuverfolgen.

Bei der Gestaltung dieses Films geht Eisenstein ähnlich vor wie bei *Alexander Newski*: *Einzelheiten wurden in den Hintergrund gedrängt und alles der reinen, grundlegenden Idee untergeordnet: der Größe Rußlands und dem Kampf, es zu einer bedeutenden Macht zu machen.* Mehr als in *Alexander Newski* konzentriert sich der Film auf die Zentralfigur, und zwar durch deutlichere Ausarbeitung der Rolle und den verstärkten Einsatz der übrigen Gestaltungsmittel auf die Zentralfigur. *Wir wollten die majestätische Bedeutung dieser Gestalt deutlich machen, und dies führt uns dazu, majestätische Formen zu verwenden.* Gemäß seinem Grundsatz, daß die Mittel stets vom Thema bestimmt werden, verwendet Eisenstein in der Darstellung der *zentralen Konflikte in diesem Kampf, in dem Iwan alle diejenigen verlor, die ihm nahestanden ... Formen der Tragödie* [334]. Der Rückgriff auf Traditionen des klassischen russischen Theaters in schauspielerischer Darstellung und Ausstattung, das heißt äußerste Stilisierung, erlaubt es Eisenstein, den majestätischen Glanz des Zaren und vor allem das Pathos des Iwan-Themas zum Ausdruck zu bringen. *Ein Film ... über den Fürsten von Moskau ... wel-*

Die Krönung des Siebzehnjährigen zum Zaren («Iwan Grosny»)

cher aus einzelnen zersplitterten, nur auf ihren eigenen Vorteil bedach-
ten Fürstentümern einen einheitlichen, mächtigen Staat schuf..[335],
heißt es im Vorspruch zu *Iwan Grosny*. Eisenstein zeigt in Teil eins den
Zaren in seinem gesellschaftlichen Wirken, in seiner Verbindung zum
Volk. Befreit von der Verzerrung der bürgerlichen Geschichtsschrei-
bung, präsentiert sich Iwan als eine fortschrittliche Persönlichkeit an
der Spitze des russischen Volkes, als «ein glänzender Diplomat, ge-
wandter Feldherr und ein ebenso entschlossener wie erfahrener Politiker».[336] Iwans Kampf gegen die Vertreter der feudalistischen Zersplit-
terung wird deutlich dargestellt als Kampf nicht um die eigene Macht,
sondern um die Zukunft des russischen Volkes. Die Charakterisierung
der gegenüberstehenden Parteien wird visuell dadurch verdeutlicht, daß
Iwan in weiten, hellen Außenaufnahmen gezeigt wird, die gegen ihn
konspirierenden Bojaren hingegen in Innenaufnahmen auftreten. Sie
sind in nur von Kerzen und Ampeln beschienenen Zellen und dunklen
Gewölben des Kreml zu sehen; überall tauchen Fratzen und spionierende Augen auf, Schatten huschen durch die Gänge, begleitet von gespen-
stischem Geflüster. In dieser dämonischen, vom Leben abgeschnittenen
Welt lauert zwar noch die Gefahr, die von einer Schicht ausgeht, die
mit allen Mitteln um ihre Macht kämpft, doch zugleich suggeriert die
Sphäre der Nacht schon den Modergeruch einer absterbenden Klasse.

Iwan als Kind («Iwan Grosny», Teil III)

Wie *Alexander Newski* ist *Iwan Grosny* bei der Kritik und beim Publikum ein gewaltiger Erfolg. Chaplin telegrafiert: *Iwan der Schreckliche* ist der größte historische Film, der je geschaffen wurde. Seine Atmosphäre ist großartig, und die Schönheit übersteigt alles bisher im Film Gesehene.»[337] Am 26. Januar 1946 erhält Eisenstein für *Iwan Grosny* den Stalinpreis.

Während der gesamten Arbeit an *Iwan* war das Material zu einem solchen Umfang angewachsen, daß Eisenstein sich entschließt, den geplanten zweiten Teil noch einmal zu unterteilen in einen Film allein über den Kampf Iwans und seiner neugegründeten Leibgarde, der Opritschniki, gegen die Intrigen der Bojaren, und einen weiteren Film über den Livländischen Krieg. Im Herbst 1945 dreht er die noch fehlenden Szenen zum zweiten Teil in der neuen Konzeption und insgesamt vier Filmrollen zu Teil drei. Am Vorabend der Verleihung des Stalinpreises ist Teil zwei fertig. *Die Verschwörung der Bojaren* (so lautet der Titel dieses Films) zeigt nun einen ganz anderen Iwan als Teil eins: einen Iwan, der plötzlich an seinen politischen Zielen und den Mitteln ihrer Verwirklichung zweifelt, einen zutiefst pessimistischen, einsamen Iwan, der nie einen Vertrauten hatte, den mit pathologischen Zügen behafteten Iwan (Großaufnahmen registrieren jede Gesichtsregung eines Mannes, der dicht am Wahnsinn ist) und einen Zar Iwan, der sich nur noch in den Gewölben des Palastes bewegt. Diese Gewölbe erhalten jetzt durch ihre Überladenheit mit mittelalterlicher Malerei, durch expressionistische Züge in ihrer Architektur und ein überzogenes Licht- und Schattenspiel eine mystische Eigenmacht. Mit den Außenaufnahmen gehen die realistischen Darstellungselemente verloren und vor allem – und dies ist gewiß der entscheidende Fehler des Films – das Auftreten des Volkes und damit die Verbindung Iwans zum Volk. Eingeschlossen in das Reich, in dem die Verschwörung regiert, arbeitet Iwan mit den gleichen Mitteln wie seine Feinde und demonstriert eine zum Selbstzweck gewordene Macht. Dies wird besonders in den wüsten Szenen des in Farbe aufgenommenen Trinkgelages deutlich. Die Auseinandersetzung zwischen Iwan und den Bojaren wird herausgelöst aus der historischen Dimension und auf die Ebene des Privaten gehoben. Durch die Verlagerung der Darstellung des Livländischen Krieges in Teil drei geht die gesellschaftliche Perspektive verloren. Noch verstärkt wird die Gewichtsverlagerung auf das Persönliche dadurch, daß Eisenstein den Prolog, für den im ersten Teil kein Platz mehr war, gerade in diesen Teil zwei einbaut: Iwan als Kind, das ständig von den Bojaren gedemütigt wird und erleben muß, wie diese seine Mutter ermorden – damit rückt das Verlangen nach Rache für in der Kindheit erlittene Schmach als Motivation für Iwans Handeln in den Vordergrund.

Wie Alexandrow, der während der Arbeit an *Iwan Grosny* Teil zwei künstlerischer Leiter von Mosfilm ist, später schreibt, ist Eisenstein vor allem durch den Krieg daran gehindert worden, sich mit den neuesten wissenschaftlichen Erkenntnissen und Materialien über die Zeit Iwans IV. zu befassen. Er konnte beobachten, daß Eisenstein «viele Zweifel [hatte] und vor vielen ungeklärten Fragen [stand] . . . Gepackt von der Idee, eine neue Art der Filmtragödie zu schaffen, begeisterte er sich oft so sehr für die Form der Tragödie, daß er ihretwegen von der Logik der Ereignisse abwich.»[339]

Im September nimmt das ZK der KPdSU Stellung zu dem Film: «S. Eisenstein offenbarte in Teil II des Films *Iwan Grosny* seine mangelnde Kenntnis historischer Tatsachen, indem er die progressiven Leibwächter Iwan Grosnys als eine degenerierte Bande darstellte, die etwas von der Art des Ku-Klux-Klan hatte, und Iwan Grosny selbst, einen Mann starken Willens und Charakters, als schwach und unentschlossen, etwa in der Art Hamlets . . .»[340] Eisenstein zweifelt inzwischen selbst an der Richtigkeit der Konzeption des Films und antwortet mit einem selbstkritischen Aufsatz.

Später sprechen Eisenstein und Tscherkassow mit Stalin über Änderungsmöglichkeiten von *Iwan* Teil II. Sie einigen sich darauf, den Prolog und einige andere Szenen herauszunehmen, sowie Teil zwei und Teil drei mit der Erkämpfung des Zugangs zur Ostsee als Abschluß zu verbinden. Eisenstein arbeitet intensiv an der Neufassung des Films so lange, bis er aufs Krankenlager gezwungen wird. *Iwan* bleibt unvollendet. Der zweite Teil in der alten Version wird erst wieder 1958 in Brüssel aufgeführt; das fertiggestellte Material zum ehemaligen Teil drei geht verloren.

Schon zu Beginn der Arbeit an *Iwan* war Eisenstein an einem Herzleiden erkrankt; trotzdem arbeitete er während der Dreharbeiten oft wochenlang Tag und Nacht. Dann, am 2. Februar 1946, dem Tag der Fertigstellung von *Iwan* Teil II, erleidet Eisenstein beim Tanz auf dem Fest der Stalin-Preisträger einen schweren Herzinfarkt. Für mehrere Monate ans Bett gefesselt, findet er nun Muße, Rückschau zu halten. Er versucht, sich über alles klar zu werden, doch *ich bin mir über nichts klargeworden. Weder über das Leben. Noch über mich selber. Noch über meine achtundvierzig Jahre. Über nichts, außer vielleicht über eins: daß es ein Leben im Galopp war, ohne Umschauen, mit ständigem Umsteigen, wie wenn man von einem Zug abspringt und dem andern nachjagt ... Als stünde man am Fenster eines fahrenden Zuges, fliegen Fetzen von Kindheitserinnerungen, Bruchstücken von Jugenderlebnissen, Episoden aus dem Mannesalter vorüber. Grell, bunt, wirbelnd, farbenprächtig. Und plötzlich die entsetzliche Erkenntnis! Daß all das entglitten war, nichts festgehalten ist.*[341]

Das Leben ist zu Ende, es bleibt nur noch das Postskriptum,[342] sagt Eisenstein zu Prokofjew, der ihn im Krankenhaus besucht. Im *nicht enden wollenden Strom von Erinnerung an unzählige verflossene Stunden* sucht er eine Antwort auf die Frage *war das überhaupt das Leben?*, und als er sie endlich gefunden hat – *doch, es war Leben. Ein an Empfindungen, Freuden, Schmerzen reiches Leben ... ein Leben, das ich wohl gegen kein anderes eintauschen würde* – da packt ihn *das unbändige Verlangen, diese Augenblicke der «verlorenen Zeit» zu erhaschen, festzuhalten, auf dem Papier zu fixieren*[343]. Eisenstein beginnt mit der Aufzeichnung seiner Memoiren; er schreibt daran von Mai bis Dezember, ohne sie vollenden zu können. In einem weitverzweigten Assoziationsgewebe, in Montagestückchen, in Gedankensprüngen von der Farbdramaturgie zur Rettung des achtjährigen Sergej aus den Fluten des Atlantik, von der Wiege zur Großaufnahme und vom Tod der Großmutter zu *Alexander Newski* versucht er darzustellen, *wie ein Durchschnittsmensch als ein ganz und gar nicht erwarteter Kontrapunkt durch eine große Zeit geht ... wie man ein Eisenstein wird*[344]. Er hält Rückschau auf die Kindheit, die Begegnung vor allem mit den zahlreichen Persönlichkeiten, die ihm auf seiner Auslandsreise begegnen, und auf die Geschichte seiner realisierten und nicht realisierten Filmprojekte, die er, wäre er *ein außenstehender Forscher*, fast alle betrachtet *als aufeinanderfolgende Ansichten ein und desselben Gesichtes ... Dieses Gesicht aber ist die Verkörperung der Endidee, eine Einheit zu erringen*[345] – denn das waren seine Themen: Die kollektive und Masseneinheit, die nationalpatriotische, die sozialistisch-wirtschaftliche und kommunistische Einheit.

Im Herbst hat sich Eisenstein so weit erholt, daß er – wenn auch geschwächt – wieder arbeiten kann. Er beginnt die Neufassung des *Iwan* Teil II und beschäftigt sich mit den Plänen zu einer Farbsymphonie über die achthundertjährige Geschichte Moskaus. Er arbeitet an seinem zweiten Buch (es erscheint 1949 in New York unter dem Titel *Film Form*), bereitet die Einrichtung einer Abteilung für Filmgeschichte am kunsthistorischen Institut vor und setzt bei sich zu Hause den Unterricht fort. Für die Studenten sind es die letzten Wochen mit dem Lehrer,

Eisenstein. Alma-Ata, 1943
(Foto: Victor Dombrowskij)

den sie anbeten [346]; der Filmhistoriker Rastislaw Jurenjew erinnert sich daran, «wie sich in Eisensteins Vorlesungen Studenten aller Fakultäten des Staatlichen Filminstituts drängten, oder wie der großstirnige und zerzauste ‹Eisen› in der Studenten-Wandzeitung als rote Sonne dargestellt war» [347].

Am 10. Februar 1948 schreibt Eisenstein an seinem letzten Aufsatz. Dieser ist als Vorwort zu einem Kuleschow-Buch geplant und behandelt das Problem der Farbe im Film. Mitten im Satz bricht das Manuskript ab; das letzte Wort lautet: *Attacke*. Und das ist das Ende dieser – wie ihn sein Freund Schtrauch einmal nennt – «‹menschlichen Fabrik›, die Tag und Nacht ihre Produktion ausstößt» [348]. In der Nacht zum 11. Februar, wenige Tage nach seinem 50. Geburtstag, erleidet Eisenstein erneut eine Herzattacke und stirbt. Am 13. Februar wird er beerdigt; ohne sein Gehirn – das als ein außergewöhnliches Exemplar im Museum der Geschichte des Hirns aufbewahrt wird. In Erinnerung an *Que viva Mexico!*, den Film über Leben, Tod und Unsterblichkeit hatte dieses Gehirn kürzlich noch gedacht: *Biologisch betrachtet sind wir sterblich. Unsterblich aber werden wir durch unser soziales Wirken, durch den kleinen Anteil, mit dem wir in unserem persönlichen Lauf zur Stafette des sozialen Prozesses beitragen, die von der vergangenen zur kommenden Generation drängt.*[349]

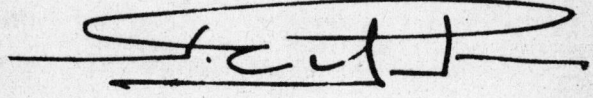

ANMERKUNGEN

1 Unveröffentlichte autobiographische Aufzeichnungen Sergej M. Eisensteins, zit. n. ... und fand sich berühmt. Aufzeichnungen und Gedanken des großen Revolutionärs der Filmkunst. Wien–Düsseldorf 1968. S. 419 (Anm.)

2 Ebd., S. 63, 74

3 Maxim Schtrauch: «Erinnerungen an Eisenstein». In: «Sergej Eisenstein. Künstler der Revolution». Hg. von H. Herlinghaus. Berlin 1960. S. 61

4 Autobiographische Aufzeichnungen. In: «Presseheft zur Eisenstein-Woche», Berlin 1959

5 ... und fand sich berühmt, a. a. O., S. 57 f

6 Ebd., S. 49 f

7 Ebd., S. 56

8 Ebd., S. 52

9 Ebd., S. 48 f

10 Ebd., S. 133

11 Colour and Music. The colour genealogy of «Moscow 800», zit. n. Yon Barna: «Eisenstein». London 1973. S. 27

12 ... und fand sich berühmt, a. a. O., S. 324 f

13 Ebd., S. 63–66

14 Ebd., S. 39 (gemeint ist der Film Oktober)

15 Ebd., S. 43

16 Schtrauch, a. a. O., S. 60

17 ... und fand sich berühmt, a. a. O., S. 81

18 Ebd., S. 84

19 Ebd., S. 376

20 Schtrauch, a. a. O.

21 ... und fand sich berühmt, a. a. O., S. 86

22 Ebd., S. 91 f

23 Ebd., S. 27 f

24 Maxim Schtrauch in «Les Lettres françaises» Nr. 936, zit. n. Léon Moussinac: «Sergei Eisenstein. An investigation in to his films and philosophy». New York 1970. S. 192

25 ... und fand sich berühmt, a. a. O., S. 29

26 Eisenstein an Léon Moussinac, Oktober 1928. In: Moussinac, a. a. O., S. 24

27 ... und fand sich berühmt, a. a. O., S. 141

28 Schtrauch, «Erinnerungen ...», a. a. O., S. 62

29 ... und fand sich berühmt, a. a. O., S. 111

30 Ebd., S. 300, 302

31 Ebd., S. 34 f, 41

32 Ebd., S. 69

33 Wie ich Regisseur wurde. In: Vom Theater zum Film. Zürich 1960. S. 7 f

34 Aus dem Titel von Eisensteins Aufsatz Durch Revolution zur Kunst. Durch Kunst zur Revolution

35 Autobiographische Aufzeichnungen, a. a. O.

36 ... und fand sich berühmt, a. a. O., S. 96

37 Ebd., S. 99

38 Ebd., S. 104 f

39 Ebd., S. 94, 96

40 Ebd., S. 100

41 Ebd., S. 114

42 Ebd., S. 119

43 Ebd., S. 122

44 *Wie ich Regisseur wurde,* a. a. O., S. 8

45 *... und fand sich berühmt,* a. a. O., S. 83

46 Ebd., S. 129

47 Ebd.

48 *Wie ich Regisseur wurde,* a. a. O., S. 8 f

49 *Film Form. Essays in film theory.* Hg. von Jay Leyda. Ohio 1964. S. 28

50 *Wie ich Regisseur wurde,* a. a. O., S. 9–15

51 *Die Struktur des Films.* In: *Vom Theater zum Film,* a. a. O., S. 96

52 *Die Montage der Attraktionen.* In: «Ästhetik und Kommunikation» 13 (1973), S. 76

53 Aleksandr S. Jakovlev: «Über die ‹proletarische Kultur› und den Proletkult». In: Karl Eimermacher, «Dokumente zur sowjetischen Literaturpolitik 1917–32». Stuttgart 1971. S. 124

54 *Das Mittlere von Dreien.* In: *Schriften 1: Streik.* Hg. von Hans-Joachim Schlegel. München 1974 (= Reihe Hanser. 158). S. 266

55 Vgl. Boris Arvatov: «Kunst und Produktion». Hg. von Hans Günther Hielscher und Karla Hielscher. München 1972

56 Sergej M. Tretjakov: «Lyrik, Dramatik, Prosa». Leipzig 1972. S. 13

57 *... und fand sich berühmt,* a. a. O., S. 133 f

58 Ebd., S. 138

59 Eisenstein in einer Vorlesung (1933) an der Filmhochschule, zit. n. *... und fand sich berühmt,* a. a. O., S. 431 (Anm.)

60 Sergej I. Jutkewitsch: «Sergej Eisenstein in den Jahren 21–23». In: Herlinghaus (Hg.), a. a. O., S. 123

61 Ebd., S. 125 f

62 Ebd., S. 126

63 Sergej M. Eisenstein und Sergej I. Jutkevič: «Die achte Kunst. Über Expressionismus, Amerika und natürlich über Chaplin». In: *Schriften 1,* a. a. O., S. 198–202

64 Ebd., S. 201

65 *Durch Revolution zur Kunst. Durch Kunst zur Revolution.* In: *Schriften 1,* a. a. O., S. 50

66 *Mein erster Film.* In: *Schriften 1,* a. a. O., S. 222

67 *Das Theater als «Vorschule» filmischer Bild-Ton-Kontrapunktik.* In: *Schriften 1,* a. a. O., S. 279

68 *Die Montage der Attraktionen,* a. a. O., S. 76–78

69 Ebd., S. 76 f

70 *Wie ich Regisseur wurde,* a. a. O., S. 15

71 Sergej Tret'jakov: «Das Theater der Attraktionen». In: «Ästhetik und Kommunikation» 13 (1973), S. 81

72 Schtrauch, a. a. O., S. 68

73 Tret'jakov, a. a. O.

74 A. Fevralskij: «S. M. Eisenstein am Theater». In: «Fragen des Theaters».

Moskau 1967. S. 95; zit n. F. Mierau: «Tatsache und Tendenz». In: Tretjakov, «Lyrik . . .», a. a. O., S. 457

75 *Durch Revolution zur Kunst*, a. a. O.

76 Mierau, a. a. O., S. 461

77 Tret'jakov, «Das Theater . . .», a. a. O., S. 81

78 Vgl. ebd., S. 82

79 Schtrauch, a. a. O., S. 69

80 *Das Mittlere von Dreien*, a. a. O., S. 251

81 *Wie ich Regisseur wurde*, a. a. O., S. 16

82 Anatolij W. Lunatscharskij: «Gespräch mit W. I. Lenin übers Kino». In:
«Lenin über das Kino». Moskau 1963. S. 124; zit n. «Der sowjetische
Film I. 1930–1939. Eine Dokumentation». Hg. vom Verband der deutschen
Filmclubs e. V. Bad Ems 1966. S. 4

83 Josef W. Stalin: «Der XIII. Parteitag der KPR(B)». In: Stalin, «Werke»
Bd. 6. Berlin 1952. S. 193; zit. n. Vsevolod I. Pudovkin: «Die grundlegenden Etappen in der Entwicklung des sowjetischen Films». In: «Der sowjetische Film. Vorträge am WGIK 1950». Berlin 1953. S. 13

84 Vgl. Vladimir V. Majakovskij: «Das Theater, das Kino und der Futuris-
mus». In: Boris A. Lawrenjew, «Der russische Revolutionsfilm». Zürich
1960. S. 28

85 *Das Mittlere von Dreien*, a. a. O., S. 239 f

86 Ebd., S. 271 f

87 Vsevolod I. Pudovkin: «Vom Wesen des Sowjetfilms». In: Lawrenjew,
a. a. O., S. 20

88 Schtrauch, a. a. O., S. 70

89 «Das Teufelsnest (*Streik*). Gespräch mit Regisseur S. M. Eisenstein». In:
Schriften 1, a. a. O., S. 212

90 Zit. n. Peter Konlechner und Peter Kubelka: «Sergej Michailowitsch Eisenstein». Wien 1964. S. 20

91 *Die Inszenierungsmethode eines Arbeiterfilms*. In: *Schriften 1*, a. a. O.,
S. 227–229

92 Ebd.

93 Sujet im Sinne einer fiktiven Fabel. In den zwanziger Jahren spricht Eisen-
stein sich gleichermaßen gegen Spielfilm wie gegen Dokumentarfilm aus.
Nach *Oktober*, im Zusammenhang mit einer Auseinandersetzung mit
«Novyj LEF» und ihrem Programm von der reinen «Faktographie», spricht
er von einem Film *jenseits von Spiel- und Dokumentarfilm* (so auch der
Titel eines 1927 in «Kinogazeta» erschienenen Artikels).

94 *Das Mittlere von Dreien*, a. a. O., S. 269 f

95 Ebd., S. 245

96 Schtrauch, a. a. O.

97 Ebd., S. 74

98 *Vom Theater zum Film*, a. a. O., S. 25

99 *Das Mittlere von Dreien*, a. a. O., S. 252 f

100 *Zur Frage eines materialistischen Zugangs zur Form*. In: *Schriften 1*,
a. a. O., S. 230 f

101 Ebd., S. 233

102 *. . . und fand sich berühmt*, a. a. O., S. 143

103 Pudovkin, «Die grundlegenden Etappen . . .», a. a. O., S. 12

104 *Zur Frage eines materialistischen Zugangs zur Form*, a. a. O., S. 235

105 Ebd., S. 237

106 Petr A. Pletnëv: «Offener Brief an die Redaktion der Zeitschrift ‹Kino-Nedelja›». In: *Schriften 1*, a. a. O., S. 309 (Anm.)

107 «S. Eisenstein und Proletkult. Gespräch mit S. M. Eisenstein». In: *Schriften 1*, a. a. O., S. 206

108 *Sergej Eisenstein über Sergej Eisenstein, den ‹Potemkin›-Regisseur.* In: *Schriften 2: Panzerkreuzer Potemkin.* Hg. von Hans-Joachim Schlegel. München 1973 (= Reihe Hanser. 135). S. 122

109 «S. Eisenstein und Proletkult», a. a. O., S. 204

110 Ebd., S. 206

111 Vgl. Schtrauch, a. a. O., S. 71

112 Eisenstein in: «Gespräch mit dem Regisseur S. M. Eisenstein». In: *Schriften 1*, a. a. O., S. 207

113 Ebd.

114 *Sergej Eisenstein über Sergej Eisenstein*, a. a. O., S. 124

115 *Zwei Schädel Alexanders des Großen.* In: *Schriften 1*, a. a. O., S. 223–226

116 «‹1905›. Gespräch mit S. M. Eisenstein». In: *Schriften 2*, a. a. O., S. 90

117 *Zwölf Apostel.* In: *Gesammelte Aufsätze* Bd. 1. Zürich o. J. S. 353

118 Ebd.

119 *. . . und fand sich berühmt*, a. a. O., S. 145

120 *Zwölf Apostel*, a. a. O., S. 354

121 *Von der Leinwand ins Leben. Zum zehnjährigen Jubiläum des ‹Panzerkreuzer Potemkin›.* In: *Schriften 2*, a. a. O., S. 198

122 Beim Verfassen der Zwischentitel wird Eisenstein von Tretjakow assistiert

123 Wladimir I. Lenin: «Der russische Zar sucht Schutz vor seinem Volk beim türkischen Sultan». In: Lenin, «Werke» Bd. 8. Berlin 1972. S. 576

124 *Zwölf Apostel*, a. a. O., S. 370

125 Ebd., S. 368 f

126 Ebd., S. 367

127 *Sergej Eisenstein über Sergej Eisenstein*, a. a. O., S. 125

128 *Zwölf Apostel*, a. a. O., S. 362

129 *Das Organische und das Pathos in der Komposition des Filmes ‹Panzerkreuzer Potemkin›.* In: *Schriften 2*, a. a. O., S. 154 f

130 «Was Eisenstein zum ‹Panzerkreuzer Potemkin› sagte». In: *Schriften 2*, a. a. O., S. 120

131 *Das Organische . . .*, a. a. O., S. 174

132 *Über den Bau der Dinge.* In: *Ausgewählte Aufsätze*. Berlin 1960. S. 277–324

133 *Das Organische . . .*, a. a. O., S. 152 f

134 Ebd., S. 155

135 Ebd., S. 156

136 Ebd.

137 *Die oben erwähnte Tendenz der Tragödie gerade zum fünfaktigen Aufbau ist, wie ich glaube, mit dieser Tatsache eng verbunden: Die Natürlichkeit der Aufteilung des Materials von Akten in die organischsten und harmonischsten Proportionen 2:3 und 3:2 ist hier in ganzen Akten ausgedrückt.* (Anm. S. M. Eisenstein) In: *Das Organische . . .*, a. a. O., S. 168

138 *Das Organische . . .*, a. a. O., S. 167

139 Ebd., S. 186
140 Ebd., S. 173
141 Ebd., S. 184
142 Ebd., S. 173
143 *Dickens, Griffith und wir.* In: *Gesammelte Aufsätze*, a. a. O., S. 134
144 «Das Teufelsnest», a. a. O.
145 *Dickens, Griffith und wir*, a. a. O., S. 135
146 Ebd., S. 60–136
147 Ebd., S. 109
148 Ebd., S. 124
149 Ebd., S. 110, 112
150 Ebd., S. 114
151 Ebd., S. 112 f
152 Ebd., S. 123
153 Ebd., S. 113
154 Ebd., S. 122 f
155 Ebd., S. 133
156 «Das Teufelsnest», a. a. O.
157 *Antworten zum ‹Panzerkreuzer Potemkin› aus der Hollywooder Diskussion von 1930.* In: *Schriften 2*, a. a. O., S. 192
158 *Zum Prinzip der künstlerischen Verallgemeinerung am Beispiel der Hafentreppen-Szene im ‹Panzerkreuzer Potemkin›.* In: *Schriften 2*, a. a. O., S. 193–196
159 *Dickens, Griffith und wir*, a. a. O., S. 134
160 Ebd., S. 133
161 *Constanza. Wohin die Fahrt des ‹Panzerkreuzer Potemkin› geht.* In: *Schriften 2*, a. a. O., S. 131
162 *Das Mittlere von Dreien*, a. a. O., S. 267
163 *Constanza*, a. a. O., S. 130 f
164 *Sergej Eisenstein über Sergej Eisenstein*, a. a. O., S. 123
165 Dargestellt in *Constanza*, a. a. O., S. 128–133
166 Ebd., S. 129–133
167 *. . . und fand sich berühmt*, a. a. O., S. 140 f
168 Ebd., S. 148
169 *Das Organische . . .*, a. a. O., S. 174
170 *Von der Leinwand . . .*, a. a. O., S. 199
171 S. M. Eisenstein und E. Tissé: «Der Weg des ‹Potemkin› durch die deutsche Zensur». In: *Schriften 2*, a. a. O., S. 200
172 Eisenstein und Tissé, a. a. O., S. 204
173 Aus der Entscheidung der Filmoberprüfstelle Berlin, zit. n. Herlinghaus (Hg.), a. a. O., S. 260
174 Aus dem Sitzungsprotokoll der Zensurverhandlung vor der Filmprüfstelle Berlin vom 24. März 1926, zit. n. Eisenstein und Tissé, a. a. O., S. 203
175 Eisenstein in einem Vortrag an der Sorbonne am 27. Februar 1930, zit. n. Moussinac, a. a. O., S. 85
176 Deutscher Verleihtitel von *Oktober*: «Zehn Tage, die die Welt erschütterten»
177 *Das russische Volk filmt.* In: «Kinemathek» Nr. 38, hg. Freunde der Deutsche Kinemathek e. V., Berlin 1967, S. 26 f

178 Zwischentitel in *Oktober,* zit. n. Konlechner und Kubelka,, a. a. O., S. 34
179 Ebd., S. 42
180 Vgl. dazu S. 11
181 ... *und fand sich berühmt,* a. a. O., S. 116 f
182 Schtrauch, a. a. O., S. 72
183 *Film Form,* a. a. O., S. 37
184 Vgl. Léon Moussinac: «Le Cinéma soviétique». Paris 1928. S. 164
185 Eisenstein an Moussinac, Oktober 1928. In: Moussinac, «Sergei Eisenstein», a. a. O.
186 *Erinnerungen.* Zürich 1963. S. 42
187 Ebd., S. 46, 49
188 Ebd., S. 46 f
189 *Dickens, Griffith und wir,* a. a. O., S. 124
190 Iwan Anisimow: «The Film of Eisenstein». In: «International Literature» 3 (1931), zit n. Jerzy Toeplitz: «Geschichte des Films» Bd. 1: 1895–1928. Berlin 1972. S. 313
191 Schtrauch, a. a. O., S. 71
192 Eisenstein in einem Gespräch mit Alvarez del Valvo in: «Rusia a los doce años». Madrid 1928, zit n. Abraham Ségal und Jacques Charrière, «S. M. Eisenstein». Tübingen 1973. S. 51
193 Eisenstein an Moussinac am 16. Dezember 1928. In: Moussinac, a. a. O., S. 27 f
194 Ebd.
195 ... *und fand sich berühmt,* a. a. O., S. 340, 342
196 *Perspektiven.* In: F. Knilli (Hg.), «Semiotik des Films». München 1971. S. 35–37
197 *Dialektische Theorie des Films.* In: Dieter Prokop (Hg.), «Materialien zur Theorie des Films». München 1971. S. 80 f
198 *Dickens, Griffith und wir,* a. a. O., S. 122
199 Zit. n. S. Freilich: «Ein Entwurf wird entschlüsselt. Eisensteins Notate zu einer Verfilmung des ‹Kapitals› von Karl Marx». In: «Film und Fernsehen» 3 (1974), S. 44
200 Eisenstein an Moussinac, a. a. O., S. 28
201 Eisenstein an Moussinac am 22. November 1928. In: Moussinac, a. a. O., S. 149–152
202 *Sergej Eisenstein.* In: Konlechner und Kubelka, a. a. O., S. 82–87
203 *Das Mittlere von Dreien,* a. a. O., S. 252
204 Ebd., S. 270 f
205 Eisenstein an Moussinac am 4. Juni 1929. In: Moussinac, a. a. O., S. 34
206 Zwischentitel in *Das Alte und das Neue,* zit. n. Konlechner und Kubelka, a. a. O., S. 44
207 Ebd., S. 45
208 Ebd.
209 Ebd., S. 46 f
210 *Antworten ...,* a. a. O., S. 189
211 Eisenstein an Jean Mitry, 1929. In: Mitry, «S. M. Eisenstein». Paris 1955. S. 115, zit. n. Moussinac, a. a. O., S. 33
212 Konlechner und Kubelka, a. a. O., S. 46
213 *25 und 15.* In: *Gesammelte Aufsätze,* a. a. O., S. 34

214 *Erinnerungen*, a. a. O., S. 38 f
215 *Der Film der vier Dimensionen.* In: Ezra Pound, Ernest F. Fenollosa und Sergej M. Eisenstein, «Nō – vom Genius Japans». Zürich 1963. S. 287–290
216 Ebd., S. 285
217 Ebd., S. 286
218 Ebd.
219 Sergej Eisenstein, Grigorij Alexandrow und Wsewolod Pudowkin: «Die Zukunft des Tonfilms. Ein offener Brief», zit. n. Lawrenjew, a. a. O., S. 32–35
220 *Autobiographische Aufzeichnungen*, a. a. O.
221 *... und fand sich berühmt*, a. a. O., S. 232 f, 236
222 Ebd., S. 160, 222
223 Pera Attascheva-Eisenstein in einem Gespräch mit Georges Sadoul in: «Cinéma 60» 46 (1960), zit. n. Moussinac, a. a. O., S. 183
224 *... und fand sich berühmt*, a. a. O., S. 154
225 Ebd., S. 211
226 Eisenstein an Moussinac, Herbst 1928. In: Moussinac, a. a. O., S. 148
227 In einer Rede auf der I. Allunions-Konferenz der sowjetischen Filmschaffenden 1935 bezeichnete Eisenstein den «inneren Monolog» als *das jüngste Kind des intellektuellen Films* (zit. n. Freilich, a. a. O.).
228 *... und fand sich berühmt*, a. a. O., S. 200
229 Ebd., S. 167, 155
230 Ebd., S. 156
231 Eisenstein an Moussinac am 12. September 1930. In: Moussinac, a. a. O., S. 53
232 *Erinnerungen*, a. a. O., S. 176
233 *Dickens, Griffith und wir*, a. a. O., S. 63
234 *... und fand sich berühmt*, a. a. O., S. 263
235 Eisenstein an Moussinac, Juli 1930. In: Moussinac, a. a. O., S. 50
236 *... und fand sich berühmt*, a. a. O., S. 276 f, 400
237 Zit. n. Moussinac und Eisenstein. In: Moussinac, a. a. O., S. 49, 52
238 Eisenstein an Moussinac am 12. September 1930. In: Moussinac, a. a. O., S. 53
239 *Film Form*, a. a. O., S. 96
240 Eisenstein an Moussinac, a. a. O., S. 52
241 *... und fand sich berühmt*, a. a. O., S. 262
242 *Film Form*, a. a. O.
243 *... und fand sich berühmt*, a. a. O., S. 253 f
244 *Erinnerungen*, a. a. O., S. 175, 179 f
245 *Que Viva Mexico*. London 1951. S. 10, zit. n. Moussinac, a. a. O., S. 130
246 *Erinnerungen*, a. a. O., S. 194
247 Ebd., S. 188
248 *Que Viva Mexico*, zit. n. «Kleine Filmkunstreihe» 36 (1963)
249 Eisenstein an Zalka Viertel am 27. Januar 1932. In: Herlinghaus (Hg.), a. a. O., S. 197 f
250 *Que Viva Mexico*, a. a. O.
251 *Über «Que Viva Mexico!»*. In: Konlechner und Kubelka, a. a. O., S. 90 f
252 *Eine schwierige Braut*. In: «Literaturnaya gazeta» vom 29. Juni 1933, zit. n. «Kleine Filmkunstreihe», a. a. O.

253 Eisenstein aus Mexiko an Lew Monosson, zit. n. «Frankfurter Rundschau» vom 20. Oktober 1973
254 Ebd.
255 Morris Hopkins in «Experimental Cinema». Los Angeles 1932, zit. n. «Kleine Filmkunstreihe», a. a. O.
256 Brief von Upton Sinclair vom Dezember 1930, zit. n. «Sergej Eisenstein and Upton Sinclair: The Making and Unmaking of Que Viva Mexico!» Hg. von H. Geduld und R. Gottesman. Bloomington–London 1970. S. 33
257 Eisenstein an Viertel, a. a. O., S. 198
258 «Manifest zu ‹Que Viva Mexico!›» in: «Experimental Cinema». New York 1934, zit. n. «Kinemathek», a. a. O., S. 47
259 «Thunder over Mexico. Lies!». New York 1933 [Flugblatt], zit. n. Moussinac, a. a. O., S. 59
260 «Manifest zu ‹Que Viva Mexico!›», a. a. O., S. 48
261 Jay Leyda: «‹Que Viva Mexico›. Ein unvollendetes Werk Sergej Eisensteins». In: Herlinghaus (Hg.), a. a. O., S. 195
262 Erinnerungen, a. a. O., S. 194
263 . . . und fand sich berühmt, a. a. O., S. 327
264 Mein Weg zum Film. In: Lawrenjew, a. a. O., S. 25
265 Zit. n. Pudovkin, a. a. O., S. 16
266 Die wichtigste aller Künste. In: Gesammelte Aufsätze, a. a. O., S. 7–14
267 Ebd., S. 11 f
268 Zwanzig Jahre. In: Gesammelte Aufsätze, a. a. O., S. 25
269 Anisimow, a. a. O.
270 Zit. n. Moussinac, a. a. O., S. 57
271 Die wichtigste aller Künste, a. a. O., S. 8
272 Autobiographische Aufzeichnungen, a. a. O.
273 Alexander Dowschenko: Rede auf dem I. Allunions-Kongreß der sowjetischen Filmschaffenden 1935, zit. n. Jay Leyda: «Kino. A History of the Russian and Soviet Film». London 1973. S. 319
274 Sergej M. Eisenstein: Rede auf dem I. Allunions-Kongreß der sowjetischen Filmschaffenden 1935, zit. n. Leyda, a. a. O., S. 320
275 Eisenstein ebd., zit. n. Moussinac, a. a. O., S. 61
276 Zit. n. Leyda, a. a. O., S. 328
277 Ebd., S. 330
278 Ebd., S. 329
279 Boris Schumjatski: «Die Irrtümer der ‹Beschin-Wiese›. In: «Kinemathek», a. a. O., S. 50 f
280 Moussinac, a. a. O.
281 Schumjatski, a. a. O., S. 51
282 Die Fehler der Beschin-Wiese, zit. n. Moussinac, a. a. O., S. 160–164
283 Ebd., S. 160 f
284 Ebd., S. 163
285 Der Zuschauer als Mitschöpfer. In: Ausgewählte Aufsätze, a. a. O., S. 82
286 Die Fehler . . ., a. a. O.
287 . . . und fand sich berühmt, a. a. O.
288 Wsewolod Wischnewski: «Eisenstein». Moskau 1939, zit. n. Leyda, a. a. O., S. 348
289 Alexander Newski. In: Ausgewählte Aufsätze, a. a. O., S. 510

290 *Patriotismus heißt unser Thema.* In: *Ausgewählte Aufsätze,* a. a. O., S. 503

291 *Alexander Newski,* a. a. O., S. 513 f

292 Ebd., S. 511

293 Ebd., S. 511, 514 f

294 Ebd., S. 512

295 Ebd., S. 515 f

296 *Der wahre Weg des Erfindens (Alexander Newski).* In: *Gesammelte Aufsätze,* a. a. O., S. 375

297 *Wir dienen dem Volke.* In: *Ausgewählte Aufsätze,* a. a. O., S. 75

298 *Alexander Newski,* a. a. O., S. 517

299 *Patriotismus . . .,* a. a. O., S. 501

300 *Alexander Newski,* a. a. O., S. 513

301 Ebd., S. 517

302 Ebd., S. 518

303 *. . . und fand sich berühmt,* a. a. O., S. 324

304 *Das Mittlere von Dreien,* a. a. O., S. 245

305 *Montage 38.* In: *Gesammelte Aufsätze,* a. a. O., S. 229

306 Ebd., S. 232 f

307 Ebd., S. 239, 253

308 Ebd., S. 260

309 *Über den Bau der Dinge.* In: *Gesammelte Aufsätze,* a. a. O., S. 180 f

310 *Dickens, Griffith und wir,* a. a. O., S. 134, 136

311 *25 und 15,* a. a. O.

312 *Alexander Newski,* a. a. O., S. 518 f

313 *25 und 15,* a. a. O., S. 35

314 Zit. n. Dwight Macdonald in: «The New York Times Book Review», September 1952 in: Moussinac, a. a. O., S. 191

315 N. Tscherkassow: «Notes of a Soviet Actor». Moskau, zit. n. Moussinac, a. a. O., S. 190 f

316 *. . . und fand sich berühmt,* a. a. O., S. 397

317 *Stolz,* zit. n. R. Dreyer: «Eisenstein und das Theater» in: Herlinghaus (Hg.), a. a. O., S. 106

318 *Film Essays.* Hg. von Jay Leyda. London 1968. S. 85

319 *Stolz,* a. a. O.

320 *Dickens, Griffith und wir,* a. a. O., S. 136

321 *Nicht bunt, sondern farbig.* In: *Gesammelte Aufsätze,* a. a. O., S. 288 f

322 *Der Farbfilm.* In: *Gesammelte Aufsätze,* a. a. O., S. 299

323 *Nicht bunt, sondern farbig,* a. a. O.

324 *Der Farbfilm,* a. a. O., S. 301

325 *. . . und fand sich berühmt,* a. a. O., S. 398 f

326 Ebd., S. 405 f

327 Ebd., S. 393

328 Ebd., S. 370, 372

329 Ebd., S. 396, 406

330 *Der sowjetische historische Film.* In: *Ausgewählte Aufsätze,* a. a. O., S. 78

331 Der Bedeutung des russischen «grosny» kommt «der Gestrenge» sehr nahe. Weniger korrekt ist die Übersetzung «der Schreckliche».

332 *Unsere Arbeit am Film.* In: «Iswestija» vom 4. Februar 1945, zit. n. «Klei-

ne Filmkunstreihe» 51 (1965)

333 *Aus der Werkstatt eines Regisseurs.* In: *Vom Theater zum Film,* a. a. O., S. 101 f

334 *Unsere Arbeit am Film,* a. a. O.

335 Zit. n. «Kleine Filmkunstreihe», a. a. O.

336 Grigorij Alexandrow: «‹Iwan Grosny› von Sergej Eisenstein», zit. n. «Presseheft zur Eisenstein-Woche», a. a. O.

337 Charlie Chaplin in einem Telegramm an Eisenstein am 4. Januar 1946, zit. n. Herlinghaus (Hg.), a. a. O., S. 220

338 *. . . und fand sich berühmt,* a. a. O., S. 408

339 Alexandrow, a. a. O.

340 Zit. n. F. Hitzer: «Iwan der Schreckliche». In: «Film» 9 (1965), S. 56

341 *. . . und fand sich berühmt,* a. a. O., S. 20 f

342 Sergej S. Prokofjew: «Materialien, Dokumente, Erinnerungen». Moskau 1956. S. 714, zit. n. *. . . und fand sich berühmt,* a. a. O., S. 417 (Anm.)

343 *. . . und fand sich berühmt,* a. a. O., S. 22

344 Ebd., S. 22, 26

345 Ebd., S. 410

346 Vgl. Leyda, «Kino», a. a. O., S. 303, und R. Jurenjew: «Sergej Eisenstein» in: *Ausgewählte Aufsätze,* a. a. O., S. 45

347 Jurenjew, a. a. O.

348 Schtrauch, a. a. O., S. 80

349 *Erinnerungen,* a. a. O., S. 185

ZEITTAFEL

1898   23. Januar: Sergej Michailowitsch Eisenstein in Riga geboren

1908–1915 Mittelschule in Riga

1915–1918 Bauingenieur-Studium in St. Petersburg

1918–1920 Als Freiwilliger bei der Roten Armee. Ende 1920 Japanisch-Studium in Moskau

1920–1921 Bühnenbildner am Ersten Arbeiter-Theater des Proletkult in Moskau

1922   Eisenstein studiert an dem von Wsewolod Meyerhold geleiteten Staatlichen Regieinstitut und arbeitet als Dekorateur am Foregger-Studio

1920–1924 Regisseur am Ersten Arbeiter-Theater des Proletkult. 1923 inszeniert Eisenstein «Der Mexikaner» und «Der Gescheiteste», schreibt *Montage der Attraktionen* und inszeniert «Hörst du, Moskau?!». 1924 inszeniert er «Gasmasken»

1924   *Streik*

1925   *Panzerkreuzer Potemkin*

1926   Beginn der Arbeit an *Das Alte und das Neue*

1927   *Oktober*

1928   Eisenstein lehrt Filmregie an der Staatlichen Filmfachschule

1929   *Das Alte und das Neue.* Zusammen mit Grigorij W. Alexandrow und Wsewolod I. Pudowkin «Manifest über den Tonfilm» veröffentlicht

1929–1932 Auslandsreise mit Eduard Tisse und Alexandrow

     1929 Teilnahme am ersten Kongreß des Unabhängigen Films auf Schloß La Sarraz in der Schweiz. Vorträge in der Schweiz, in Deutschland, Frankreich, England, Belgien und den Niederlanden

     1930 Aufenthalt in den USA. Vertrag mit der Paramount, schreibt die Drehbücher zu «Sutters Gold» und «Eine amerikanische Tragödie»

     1931 Eisenstein arbeitet in Mexiko an dem von Upton Sinclair finanzierten Filmprojekt *Que viva Mexico!*

     1932 Abbruch der Dreharbeiten zu *Que viva Mexico!*, Rückkehr in die Sowjet-Union und wird Leiter der Regie-Fakultät am Staatlichen Filminstitut

1935–1937 Eisenstein arbeitet an dem Projekt *Die Beschin-Wiese*

1938   *Alexander Newski*

1939   Arbeit am Projekt *Fergana-Kanal*

1940   Inszenierung von Richard Wagners Oper «Die Walküre» am Bolschoi-Theater

1941–1947 Arbeit an *Iwan Grosny*

     1942 erscheint *The Film Sense*

     1943/44 Dreharbeiten im evakuierten Filmstudio in Alma-Ata

     1944 *Iwan Grosny* Teil I

     1946 *Iwan Grosny* Teil II. Eisenstein schreibt an seinen Memoiren

     1947 Arbeit an der Neufassung von *Iwan Grosny* Teil II

1948   11. Februar: Eisenstein stirbt

ZEUGNISSE

JERZY TOEPLITZ

Er diente mit seiner Kunst der Sache der Revolution, und das war auch
die Mission seines Lebens. Er hat sich zwar oft mit der Leidenschaft
eines schöpferischen Künstlers formalen Experimenten hingegeben, aber
niemals ließ er dabei den Inhalt außer Betracht, niemals das wahre Wesen und den Sinn der künstlerischen Arbeit. Es gab vor Eisenstein keinen
sowjetischen Filmkünstler, der so klar und kompromißlos die Frage nach
der gesellschaftlichen Verpflichtung und politischen Funktion der Kunst
aufgeworfen hat ... Dank Eisenstein wurde die Filmkunst zum aktiven
Faktor im Kampf um eine gerechte Welt.

«Geschichte des Films». 1955

GRIGORIJ W. ALEXANDROW

Wie jedem Pionier ist auch Eisenstein nicht alles auf Anhieb gelungen,
auch er hat manchmal falsche Wege eingeschlagen. Aber das tut der aus-
nehmenden Bedeutung seines Schaffens als Theoretiker und Praktiker in
keiner Weise Abbruch. Seine im Lande des Sozialismus entstandenen
revolutionären Filme sind als Ausdruck humanistischen Denkens und
Fühlens unvergänglich.

«Ein Meister des Sowjetfilms»

CHARLIE CHAPLIN

Frage: «Wer ist Ihrer Meinung nach der bedeutendste Filmregisseur unserer Zeit?» – Chaplin: «Meine Meinung ist dieselbe geblieben, wie sie
vor vielen Jahren war. Der beste, talentierteste und größte Filmregisseur,
der Philosoph des Films, der Regisseur einer großen humanistischen
Wahrheit, ist mein großer Freund Sergej Michailowitsch Eisenstein.»

Interview mit Leonhard Gendlin, 1958

SERGEJ I. JUTKEWITSCH

Eisenstein war als Mensch und als Künstler eine lebende Verkörperung
des unermüdlichen, forschenden faustischen Wissensdranges.

Vorwort zu «... und fand sich berühmt». 1967

RASTISLAW JURENJEW

Die Kunstwissenschaftler und Filmleute aller Richtungen, aller Alters-
stufen und aller Länder nennen Eisenstein heute sehr richtig den Klassiker der Weltfilmkunst. Der Name Eisenstein ist für immer in die Geschichte der fortschrittlichen Kultur der Menschheit eingegangen. Eisensteins Leben, seine rastlose und vielseitige Tätigkeit, seine unermüdliche Forschungsarbeit können allen denen Beispiel sein, die ihr Volk, die

die Kunst lieben. Ein Regisseur, dessen Filme in einem wahren Triumphzug die Filmtheater der Welt erobert und Millionen Menschen durch Prägnanz der revolutionären Ideen, durch Neuartigkeit und Vollendung der Form begeistert haben; ein temperamentvoller Publizist, der leidenschaftlich auf alle Ereignisse im Leben seines Heimatlandes und seiner geliebten Filmkunst reagierte; ein feinfühliger Pädagoge, der beispielhaft viel Mühe, Geduld und sein hervorragendes Talent der schwierigen Aufgabe der Heranbildung einer neuen Generation von Filmregisseuren widmete; ein Wissenschaftler, der den Grund legte für viele Zweige der jungen, am Anfang ihrer Entwicklung stehenden Filmwissenschaft; ein vortrefflicher Redner, Zeichner, Kunstforscher und Drehbuchautor, ein Mensch mit einer ganz erstaunlichen, umfassenden, tiefen Bildung, dessen ungewöhnliches Gedächtnis nur noch mit seinem ebenso ungewöhnlichen Drang nach immer neuen Kenntnissen und Eindrücken zu vergleichen war, ein Bücherfreund und Kenner fremder Länder und – das wichtigste von allem – ein glühender Patriot, ein echter Bürger seiner sozialistischen Heimat – das war Eisenstein.

«Sergej Eisenstein». 1960

JEAN-LUC GODARD

Die einzigen Filme, die das Proletariat heute wirklich akzeptiert, sind immer noch «Potemkin» und «Das Salz der Erde»: es sind die einzigen, die es tief bewegen. Der Film eines von der Revolution mitgerissenen Bürgerlichen und der eines amerikanischen Liberalen. Diese Filme wurden von einer Massenbewegung getragen, und das Proletariat erkennt sich in ihnen wieder.

Godard im Namen der Gruppe «Dziga Vertov». 1970

FILMOGRAPHIE

Abkürzungen: P = Produktion; Db = Drehbuch; R = Regie; Ra = Regie-
assistenz; K = Kamera; Ka = Kameraassistenz; M = Musik; B = Bauten;
D = Darsteller

a) Realisierte Filme

Glumows Tagebuch. 1923 [120 m]
> Filmfeuilleton für die Aufführung von Alexander N. Ostrovskijs «Eine
> Dummheit macht auch der Gescheiteste» am Proletkult-Theater – R: S. Eisen-
> stein; K: B. Franzisson; D: G. Alexandrow, M. Schtrauch, A. Antonow, I.
> Pyrjow u. a.

Streik. 1924 [1969 m]
> P: Studio Goskino; Db: Ein Kollektiv des Proletkult-Theaters; R: S. Eisen-
> stein; Ra: G. Alexandrow, I. Krawtschunowski, A. Lewschin; K: E. Tisse;
> Ka: W. Popow; B: W. Rachals; D: M. Schtrauch, G. Alexandrow, M. Go-
> morow, I. Iwanow, A. Antonow u. a.

Panzerkreuzer Potemkin. 1925 [1740 m]
> P: Studio Goskino; Db: S. Eisenstein nach dem Szenarium von N. Agadscha-
> nowa; R: S. Eisenstein; Ra: G. Alexandrow, A. Antonow, M. Gomorow, M.
> Schtrauch, A. Lewschin; K: E. Tisse; Ka: W. Popow; B: W. Rachals; D: A.
> Antonow, G. Alexandrow, W. Barski, M. Gomorow, Repnikowa, Marussow
> sowie Mannschaften der Roten Flotte und Einwohner von Odessa

Oktober. 1927 [2800 m]
> P: Studio Sowkino; Db: S. Eisenstein, G. Alexandrow; R: S. Eisenstein; Ra:
> G. Alexandrow, M. Schtrauch, M. Gomorow, I. Trauberg; K: E. Tisse; Ka:
> W. Popow; D: Nikandrow, N. Popow, B. Liwanow und Einwohner Lenin-
> grads

Das Alte und das Neue. 1926–1929 [2469 m]
> P: Studio Sowkino; Db: S. Eisenstein, G. Alexandrow; R: S. Eisenstein; Ra:
> G. Alexandrow, M. Schtrauch, M. Gomorow, A. Antonow, A. Gontscharow;
> K: E. Tisse; Ka: W. Popow; B: A. Burow; D: M. Lapkina, M. Iwanin, W.
> Busenkow, K. Wassiljew, Tschuchmarew, Vater Matwej, Churtin, Neschni-
> kow u. a.

Alexander Newski. 1938 [3044 m]
> P: Studio Mosfilm; Db: S. Eisenstein, P. Pawlenko; R: S. Eisenstein; Ra:
> D. Wassiljew, B. Iwanow; K: E. Tisse; Ka: B. Iwanow, N. Masslow; M: S.
> Prokofjew; B: I. Schpinel, N. Solowjow, K. Jelissejew; D: N. Tscherkassow,
> N. Ochlopkow, A. Abrikossow, D. Orlow, W. Massalitinowa, W. Nowikow,
> N. Arskij u. a.

Iwan der Schreckliche Teil I. 1944 [3745 m]
> P: Studio Mosfilm; Db: S. Eisenstein; R: S. Eisenstein; Ra: B. Schweschni-
> kow, L. Indenbom; K: E. Tisse, A. Moskwin; M: S. Prokofjew; B: I. Schpinel;
> D: N. Tscherkassow, L. Zelikowskaja, S. Birma, P. Kadotschnikow, N. Nas-
> wanow, A. Abrikossow u. a.

Iwan der Schreckliche Teil II. 1946 [2394 m; davon ca. 600 m farbig]
> P: Studio Mosfilm; Db: S. Eisenstein; R: S. Eisenstein; Ra: B. Schweschni-
> kow, L. Indenbom; K: E. Tisse, A. Moskwin; M: S. Prokofjew; B: I. Schpi-

nel; D: N. Tscherkassow, A. Abrikossow, S. Birma, P. Kadotschnikow, A.
Butschma u. a.

b) Unvollendete Filme

Que viva Mexico!. 1931–1932

P: U. Sinclair [u. a.]; Db: S. Eisenstein; R: S. Eisenstein; Ra: G. Alexandrow; K: E. Tisse; D: Mexikanische Bauern
Aus dem gefilmten Material entstanden folgende, von Eisenstein nicht autorisierte Filme: «Thunder over Mexico», «Death Dey», «Eisenstein in Mexico» (Sol Lesser, USA 1933), «Time in the Sun» (Marie Seton, USA/England 1939) und «Mexican Symphony» (1941/42 [Unterrichtsfilme über Mexiko]). Aus dem restlichen Material montierte Jay Leyda «Eisenstein's Mexican Project» (1958).

Die Beschin-Wiese. 1935–1937

P: Studio Mosfilm; Db: Nach Motiven aus «Aufzeichnungen eines Jägers» von Ivan Turgenjev erste Fassung A. Rscheschewski, zweite Fassung I. Babel, S. Eisenstein; R: S. Eisenstein; Ra: E. Teleschowa u. a.; K: E. Tisse; M: G. Popow; D: W. Kartaschew, B. Sachawa, E. Teleschowa

Fergana-Kanal. 1938

Db: P. Pawlenko, S. Eisenstein; R: S. Eisenstein; K: E. Tisse; M: S. Prokofjew

BIBLIOGRAPHIE

1. Werkausgaben und Schriften von S. M. Eisenstein

Izbrannye proizvedenija v sesti tomach [Ausgewählte Werke in 6 Bänden]. Moskau 1964–1971

Schriften. Hg. von HANS-JOACHIM SCHLEGEL. Bd. 1–3. München 1973–1975
  Schriften 1: Streik. München 1974 (= Reihe Hanser. 158)
  Schriften 2: Panzerkreuzer Potemkin. München 1973 (= Reihe Hanser. 135)
  Schriften 3: Oktober. Mit den Notaten zur Verfilmung von Marx' «Kapital». München 1975 (= Reihe Hanser. 184)

The soviet screen. Moskau 1939
The film sense. Hg. von J. LEYDA. New York 1942
Notes of a film director. Moskau 1948
Film form. Hg. von J. LEYDA. New York 1949
Vom Theater zum Film [übers. von M. Pörtner nach «Film form» und «The film sense»]. Zürich 1960
Ausgewählte Aufsätze. Berlin 1960
Gesammelte Aufsätze Bd. 1 [Auswahl aus «Ausgewählte Aufsätze»]. Zürich o. J.
Zeichnungen. Moskau 1961
Stationen. Berlin o. J.
Erinnerungen. Zürich 1963
Film essays with a lecture. Hg. von J. LEYDA. London 1968
... und fand sich berühmt [Lizenzausg. von «Stationen»]. Wien–Düsseldorf 1968

2. Darstellungen und Aufsätze über Eisenstein

a) Biographien und Monographien

MOUSSINAC, L.: Le cinéma soviètique. Paris 1928 [Mit Darstellungen über Eisenstein]
SETON, M.: S. M. Eisenstein. A biography. London 1952 – Neuausg. London 1970
HERLINGHAUS, H. (Hg.): Sergej Eisenstein. Künstler der Revolution. Berlin 1960
AMENGUAL, B.: S. M. Eisenstein. Lyon 1962
NIZHNY, V.: Lessons with Eisenstein. London 1962
MITRY, J.: S. M. Eisenstein. Paris 1962
CHIARINI, L.: S. M. Eisenstein. Palma 1963
KONLECHNER, P., und P. KUBELKA: Sergej Michailowitsch Eisenstein. Eine Übersicht. Wien 1964
MOUSSINAC, L.: Serge Eisenstein. Paris 1964
MONTAGU, I.: With Eisenstein in Hollywood. Berlin 1969
BARNA, Y.: Eisenstein. London 1973
SÉGAL, A., und J. CHARRIÈRE: S. M. Eisenstein. Tübingen 1973

b) Aufsätze

COCTEAU, J.: Erinnerungen an Eisenstein. In: La Bateaille vom 2. März 1948 – Wiederabdruck in: Cinéclub (Paris) 5 (1948)

KLEINER, B., und M. LAUTENEGGER: Die zweite Generation. In: KLEINER und LAUTENEGGER, Film. Zürich 1953. S. 20–22

ROMM, M.: Eisenstein über Literatur und Film. In: Deutsche Filmkunst 4 (1955), S. 169–171

HERLINGHAUS, H.: Eisensteins Matrosen bedrohen Preußens Ordnung. In: Deutsche Filmkunst 11 (1956)

«Man sieht nur Stiefel». In: Der Spiegel vom 27. Mai 1959

DOMARCHI, J.: Les secrets d'Eisenstein. In: Cahiers du Cinéma 96–98 (1959)

JURENJEW, R. N.: Vorwort zu «S. M. Eisenstein: Ausgewählte Aufsätze». Berlin 1960

SADOUL, G.: Entretiens sur Serge Eisenstein. In: Cinéma 46 (1960)

NÄNNY, M.: Ideogramm und Montagen. In: Neue Zürcher Zeitung vom 24. März 1962

LEYDA, J.: Chasse au trésor à Moscou. In: Cinéma 63 (1962), S. 69–73

GREGOR, U., und E. PATALAS: Der sowjetische Revolutionsfilm. In: GREGOR und PATALAS, Geschichte des Films. Gütersloh 1962. S. 93–120
Sowjetfilm und sozialistischer Realismus. Ebd., S. 185–204

«S. M. Eisenstein». In: Télé-Ciné 118 (1964)

SCHÜTTE, W.: Que viva Eisenstein. In: Frankfurter Rundschau vom 18. Mai 1966

RHODE, E.: The tower of Babel. London 1966

ROMM, M. in: Le cinéma soviètique. Paris 1966

BURCH, N.: Plastique du montage. In: Cahiers du Cinéma 190 (1967)
Functions de l'aléa. In: Cahiers du Cinéma 194 (1967)

LINDER, H.: Eisensteins Erinnerungen. In: Filmkritik 12 (1968)

«Eisensteins Aufstieg zur Klassizität». In: Film, Juni 1968

SARRIS, A.: Sergei Eisenstein. In: SARRIS, Interviews with film directors. New York 1969. S. 164–174

WOLLEN, P.: Eisenstein's aesthetics. In: WOLLEN, Signs and meaning in the cinema. London 1969. S. 19–74

PLUTA, E. in: Stuttgarter Zeitung vom 28. Januar 1972

TOEPLITZ, J.: Der Kampf um den Realismus im sowjetischen Film. In: TOEPLITZ, Geschichte des Films. Berlin 1972
Der Sieg der neuen Kunst – Panzerkreuzer Potemkin. Ebd.

MICHELSON, A.: Camera lucida – camera obscura. In: Art Forum (New York), Januar 1973

FR.: Kompromißlos und revolutionär. In: Die Wahrheit 19 (1973)

TRETJAKOW, S.: Das Theater der Attraktionen. In: Ästhetik und Kommunikation 13 (1973), S. 79–82

HIELSCHER, K.: S. M. Eisensteins Theaterarbeit beim Moskauer Proletkult (1921 bis 1924). In: Ästhetik und Kommunikation 13 (1973), S. 64–75

LEYDA, J. in: LEYDA, Kino. A history of the russian and soviet film. London 1973

KRUSCHE, D.: Sergej Michailowitsch Eisenstein. In: KRUSCHE, Reclams Filmführer. Stuttgart 1973. S. 626–627

Barthes, R.: Diderot, Brecht, Eisenstein. In: Filmkritik 215 (1974)
Der dritte Sinn. In: Filmkritik 215 (1974)
Freilich, S.: Ein Entwurf wird entschlüsselt. In: Film und Fernsehen 3 (1974)
Harcourt, P.: The reality of Sergei Eisenstein. In: Harcourt, Six European directors. London 1974. S. 37–67

3. Zu den Filmen Eisensteins

a) Streik

Ihering, H.: Streik, der erste Eisenstein-Film. In: Berliner Börsen-Courier vom 1. Mai 1926
«Streik» [Kritik] in: Der Kinematograph 1045 (1927)
Eggebrecht, A.: Streik. In: Berliner Tageblatt vom 27. Februar 1927
Schacht, R.: Streik. In: Das blaue Heft 6 (1927)
Montagu, I.: Strike. In: Sight and Sound 2 (1956)
Kniper, J. B.: Eisenstein's Strike. A study of cinematic allegory. In: Journal of the Society of Cinematologists, 1963
Dubœuf, P.: Les enfants humliés. In: Cahiers du Cinéma 188 (1967)
Cowie, P.: Seventy years of cinema. New York 1969
Schlegel, H.-J.: Eisensteins Weg von der «Revolutionierung des Theaters» zum Revolutionsfilm. Eine Einführung in «Streik». In: Sergej M. Eisenstein, Schriften 1: Streik. Hg. von H.-J. Schlegel. München 1974 (= Reihe Hanser. 158). S. 7–30

b) Panzerkreuzer Potemkin

Haas, W.: Panzerkreuzer Potemkin. In: Film-Kurier 101 (1926)
Mendel, G. V.: Panzerschiff Potemkin. In: Lichtbildbühne 103 (1926)
Ihering, H.: Panzerkreuzer Potemkin. In: Berliner Börsen-Courier vom 1. Mai 1926
«Panzerkreuzer Potemkin» [Kritik] in: Der Kinematograph 1003 (1926)
«Die Lehre des ‹Potemkin›» [Aufsatz] in: Film-Kurier 111 (1926)
Kracauer, S.: Die Jupiterlampen brennen. In: Frankfurter Zeitung vom 16. Mai 1926
Der Eisenstein-Film. In: Frankfurter Zeitung vom 16. Mai 1928
Freilich, S.: Panzerkreuzer Potemkin. In: Kunst und Literatur 4 (1956)
Gregor, U.: Panzerkreuzer Potemkin. In: Filmkritik 6 (1959)
Tyler, P.: Potemkin. In: Classics of foreign film. Secaucus, N. J. 1962
Cowie, P.: Seventy years of cinema. New York 1969
Schlegel, H.-J.: Eisensteins filmische Konstruktion des revolutionären Pathos. Eine Einführung in den «Panzerkreuzer Potemkin». In: Sergej M. Eisenstein, Schriften 2: Panzerkreuzer Potemkin. Hg. von H.-J. Schlegel. München 1973 (= Reihe Hanser. 135). S. 7–22

c) Oktober

Kurtz, R.: 10 Tage, die die Welt erschütterten. In: Lichtbildbühne vom 3.

April 1928

IHERING, H.: 10 Tage, die die Welt erschütterten. In: Berliner Börsen-Courier vom 3. April 1928

METKEN, G. in: Stuttgarter Zeitung vom 25. November 1966

PÉTRIS, M.: Ici Léningrad. In: Cahiers du Cinéma 186 (1967)

LINDER, H. in: Stuttgarter Zeitung vom 28. November 1967
in: Frankfurter Rundschau vom 3. April 1970

SCHLEGEL, H.-J.: Eisensteins dialektisch-visuelle Demonstration der weltgeschichtlichen Oktoberwende und der «Kinematograph der Begriffe». Eine Einführung in «Oktober». In: SERGEJ M. EISENSTEIN, Schriften 3: Oktober. Hg. von H.-J. SCHLEGEL. München 1975 (= Reihe Hanser. 184). S. 7–37

d) Das Alte und das Neue

FELD, H.: Der Kampf um die Erde. In: Film-Kurier 37 (1930)

AL.: Der Kampf um die Erde. In: Lichtbildbühne 36 (1930)

«Herr Eisenstein überrascht uns». In: Der Kinematograph 35 (1930)

G., K.: Der Kampf um die Erde. In: Die Linkskurve 3 (1930)

«Der Kampf um die Erde». In: Arbeiterbühne und Film 10 (1930)

SCHKLOWSKIJ, V.: Die Grenzlinie. In: SCHKLOWSKIJ, Schriften zum Film. Frankfurt a. M. o. J. S. 115–118

e) Que viva Mexico!

HELPRIN, M. in: New York Times vom 29. November 1931

WATTS, R. in: New York Herald Tribune vom 15. Mai 1932

FRANK, W., und T. CRAYEN: Manifest zu «Que viva Mexico». In: Experimental Cinema, 1933

DELEHANTY, T. in: New York Post vom 23. September 1933

WATTS, R. in: New York Herald Tribune vom 23. September 1933

HALL, M. in: New York Times vom 25. September 1933

TROY, W. in: The Nation vom 4. Oktober 1933

GRIERSON, J. in: New Britain vom 10. Januar 1934

ROTHA, P. in: Philadelphia Public Ledger vom 11. Februar 1934

CHURCHILL, D. in: New York Times vom 22. Oktober 1939

SETON, M.: Eisenstein's images and Mexican art. In: Sight and Sound, July–Sept. 1953

ALEXANDROW, G., und E. TISSE: Que viva Mexico!. In: Kunst und Literatur 10 (1957)

LEYDA, J.: Eisenstein's Mexican tragedy. In: Sight and Sound 6 (1958)

SADOUL, G.: Que viva Mexico!. In: Sonntag vom 19. Januar 1958

RIVETTE, J.: Que viva Eisenstein. In: Cahiers du Cinéma 79 (1958)

LEYDA, J. in: Sight and Sound, Herbst 1958

TYLER, P.: Que viva Mexico. In: Classics of foreign film. Secaucus, N. J. 1962

NETTELBEK, U.: Unter Mexikos Sonne. In: Filmkritik 12 (1963)

GOTTESMAN, R.: Sergei Eisenstein and Upton Sinclair. In: Sight and Sound 1965

GEDULD, H. M., und R. GOTTESMAN: Sergei Eisenstein and Upton Sinclair. The making and unmaking of Que viva Mexico!. Bloomington–London 1970

f) Die Beschin-Wiese

SCHUMJATSKI, B.: Die Fehler der «Beschin-Wiese». In: Prawda, 1935
ROKOTOW, T.: A failure and its reasons. In: International Literature, 1937
LEYDA, J.: Eisenstein's bezhin meadow. In: Sight and Sound 2 (1959)
ROBINSON, D.: The two «Bezhin-Meadows». In: Sight and Sound, 1967/68
GREGOR, U.: Die Beschin-Wiese. In: Filmkritik 2 (1968)
KAUFFMANN, S. in: New Republic vom 1. März 1969

g) Alexander Newski

RUDOWKIN, V. in: International Literature, 1939
TYLER, P.: Alexander Nevsky. In: Classics of foreign film. Secaucus, N. J. 1962
NETTELBEK, U. in: Filmkritik 7 (1963)
KLIESS, W. in: Film 8 (1966)
FÄRBER, H. in: Süddeutsche Zeitung vom 10. Februar 1967
COWIE, P.: Seventy years of cinema. New York 1969

h) Iwan der Schreckliche

GARGA, B. D.: Ivan the Terrible II. In: Sight and Sound 4 (1958)
WEINBERG, H. G. in: Film Culture, 1959
THIEL, R. E. in: Filmkritik 1 (1960)
TYLER, P.: Ivan the Terrible. In: Classics of foreign film. Secaucus, N. J. 1962
MONTAGU, I.: Vorwort zu «Ivan the Terrible. A Screenplay». London 1963
HITZER, F.: Iwan der Schreckliche. In: Film 9 (1965)
   Iwan der Schreckliche. In: Film 10 (1965)
KAUFFMANN, S.: A world on film. New York 1966
NETTELBEK, U. in: Filmkritik 4 (1966)
LINDER, H.: Iwan der Schreckliche. In: Filmkritik 8 (1968)
COWIE, P.: Seventy years of cinema. New York 1969

NACHBEMERKUNG

Für sehr hilfreiche Dienste beim Erstellen der vorliegenden Arbeit sei folgenden
Personen und Institutionen ganz besonders gedankt:
Doris und Erika Gregor, Naum Klejmann (Eisenstein-Institut, Moskau), Klaus
Kreimeier, Peter Schulz (Stiftung Deutsche Kinemathek e. V.), Harald Weise und
dem Staatlichen Filminstitut der DDR.

NAMENREGISTER

Die kursiv gesetzten Zahlen bezeichnen die Abbildungen

Agadschanowa-Schutko, Nina 45
Alexander III. Alexandrowitsch, Zar 8, *62*
Alexander Newski, Großfürst 108, 109, 110 f, *117*
Alexandrow, Grigorij W. 28, 34, 43, 61, 83, 84, 85, 88, 90, 92, 102, *125*; Anm. 219, 336, 339
Anisimow, Iwan 69, 99; Anm. 190, 269
Antonow, Sacha *43*
Arvatov, Boris s. u. Boris Arwatow
Arwatow, Boris 21, 23; Anm. 55
Attaschewa, Pera 100, *102*; Anm. 223
Attaschewa-Eisenstein, Pera s. u. Pera Attaschewa
Awertschenko, Arkadij T. 19

Babel, Isaak E. 103, *107*
Balázs, Béla (Herbert Bauer) 66, 85
Barna, Yon Anm. 11
Becher, Johannes Robert 60
Berger, Ludwig 90
Brecht, Bertolt 85, *87*
Bredel, Willi 85
Breton, André *87*
Bruno, Giordano (Filippo Bruno) 119
Buñuel, Luis 85

Cavalcanti, Alberto 85
Cendrars, Blaise (Frédéric Sauser) 90
Chaplin, Charlie 27, 90, 91, *123*; Anm. 337; *91*
Charrière, Jacques Anm. 192
Cocteau, Jean 86
Colette, Sidonie-Gabrielle 86
Cuno, Wilhelm 31

Daumier, Honoré 16
Debussy, Claude 81
Díaz, Porfirio (José de la Cruz Porfirio) 93
Dickens, Charles 16, 53
Dietrich, Marlene (Maria Magdalena von Losch) 90

Disney, Walt 90
Dostojevskij, Fjodor M. 16
Dowschenko, Alexander 99, *100*; Anm. 273
Dreiser, Theodore 90
Dreyer, Regine Anm. 317
Dumas père, Alexandre 16, 19

Eimermacher, Karl Anm. 53
Einstein, Albert 85
Eisenstein, Julia I. 7 f, 11, 14, 16, *9*
Eisenstein, Michail O. 7 f, 11, 14, 16, 17, *9*
Elisejew, K. 19
Engels, Friedrich 14

Fadejew, Alexander A. 117
Fairbanks, Douglas (Douglas Elton Ulman) 27, 89
Fenollosa, Ernest Francisco Anm. 215
Feuchtwanger, Lion 60
Fevralskij, A. Anm. 74
Flaherty, Robert 90
Foregger, Nikolaj M. (Nikolaus Baron Foregger von Greifenturn) 26, 27
Freilich, S. Anm. 199, 227

Garbo, Greta (Greta Gustafsson) 90
Geduld, Harry M. Anm. 256
Goebbels, Joseph 59
Goethe, Johann Wolfgang von 68
Gogol, Nikolaj V. 12, 19
Gomorow, Michail 43
Gorki, Maxim (Aleksej M. Peškov) 20, 102
Gottesman, Ronald Anm. 256
Gozzi, Carlo Graf 17
Griffith, David Wark 27, 52 f, 89

Harlow, Jean (Harlean Jean Carpentier) 90
Herlinghaus, Hermann Anm. 3, 60, 173, 249, 261, 317, 337
Hielscher, Hans Günther Anm. 55
Hielscher, Karla Anm. 55

ÜBER DEN AUTOR

E<small>CKHARD</small> W<small>EISE</small>, 1949 in Rendsburg geboren. Realschulabschluß 1966, Abitur 1970. Das Stipendium einer Rendsburger Reederei ermöglicht Einblick in das skandinavische Filmschaffen. Ab Oktober 1970 Studium der Germanistik, Politologie und Psychologie an der FU Berlin (Schwerpunkt in jedem Fach: Medienkunde), Arbeiten über die Verwendung des Films im Schulunterricht, die Sprache des Films und seine Verbindung zur Literatur sowie Eisensteins Filmsyntax. Gegenwärtig Mitarbeit an den Vorbereitungen zu einer neuen Filmzeitschrift. Nach Studienabschluß sind eigene Filmarbeiten geplant.

QUELLENNACHWEIS DER ABBILDUNGEN

Eisenstein-Archiv, Moskau: 9, 10, 15, 46, 76, 85, 86, 87, 97, 116, 127 / Privatsammlung Gregor: 18, 24 unten, 25, 40, 48, 62, 101, 104 oben u. unten, 105 oben u. unten, 110/111, 117 / WDR: 70 / Ullstein-Bilderdienst: 24 oben, 67 / Privatsammlung Weise: 12, 13, 28, 30, 36, 37 oben u. unten, 38, 39, 41, 42, 43, 50, 51, 53, 54, 55, 56, 57 oben u. unten, 63, 65, 66, 70 oben u. unten, 71 oben u. unten, 72, 73, 79, 81, 82, 83, 89, 91, 94, 95, 105, 109, 114, 120, 123, 129 / Foto-Clauß: 6 / Ivor Montagu, With Eisenstein in Hollywood. Seven Years Publishers, Berlin: 128

rowohlts mono

IN SELBSTZEUGNISSEN
UND BILDDOKUMENTEN
HERAUSGEGEBEN
VON KURT KUSENBERG

graphien

E/X '75

NOVALIS / Gerhard Schulz [154]

POE / Walter Lennig [32]

PROUST / Claude Mauriac [15]

RAABE / Hans Oppermann [165]

RILKE / Hans Egon Holthusen [22]

ERNST ROWOHLT / Paul Mayer [139]

SAINT-EXUPÉRY / Luc Estang [4]

SARTRE / Walter Biemel [87]

SCHILLER / Friedrich Burschell [14]

F. SCHLEGEL / Ernst Behler [123]

SHAKESPEARE / Jean Paris [2]

G. B. SHAW / Hermann Stresau [59]

SOLSCHENIZYN / R. Neumann-Hoditz [210]

STIFTER / Urban Roedl [86]

STORM / Hartmut Vinçon [186]

DYLAN THOMAS / Bill Read [143]

LEV TOLSTOJ / Janko Lavrin [57]

TRAKL / Otto Basil [106]

TUCHOLSKY / Klaus-Peter Schulz [31]

MARK TWAIN / Thomas Ayck [211]

VALENTIN / Michael Schulte [144]

WALTHER VON DER VOGELWEIDE / Hans-Uwe Rump [209]

WEDEKIND / Günter Seehaus [213]

OSCAR WILDE / Peter Funke [148]

SCHLEIERMACHER / Friedrich Wilhelm Kantzenbach [126]

SCHOPENHAUER / Walter Abendroth [133]

SOKRATES / Gottfried Martin [128]

SPINOZA / Theun de Vries [171]

RUDOLF STEINER / J. Hemleben [79]

VOLTAIRE / Georg Holmsten [173]

SIMONE WEIL / A. Krogmann [166]

RELIGION

SRI AUROBINDO / Otto Wolff [121]

KARL BARTH / Karl Kupisch [174]

JAKOB BÖHME / Gerhard Wehr [179]

MARTIN BUBER / Gerhard Wehr [147]

BUDDHA / Maurice Percheron [12]

EVANGELIST JOHANNES / Johannes Hemleben [194]

FRANZ VON ASSISI / Ivan Gobry [16]

JESUS / David Flusser [140]

LUTHER / Hanns Lilje [98]

MÜNTZER / Gerhard Wehr [188]

PAULUS / Claude Tresmontant [23]

TEILHARD DE CHARDIN / Johannes Hemleben [116]

PHILOSOPHIE

ENGELS / Helmut Hirsch [142]

ERASMUS VON ROTTERDAM / Anton J. Gail [214]

GANDHI / Heimo Rau [172]

HEGEL / Franz Wiedmann [110]

HEIDEGGER / Walter Biemel [200]

HERDER / Friedr. W. Kantzenbach [164]

HORKHEIMER / Helmut Gumnior u. Rudolf Ringguth [208]

JASPERS / Hans Saner [169]

KANT / Uwe Schultz [101]

KIERKEGAARD / Peter P. Rohde [28]

GEORG LUKÁCS / Fritz J. Raddatz [193]

MARX / Werner Blumenberg [76]

NIETZSCHE / Ivo Frenzel [115]

PASCAL / Albert Béguin [26]

PLATON / Gottfried Martin [150]

ROUSSEAU / Georg Holmsten [191]

GESCHICHTE

ALEXANDER DER GROSSE / Gerhard Wirth [203]

BAKUNIN / Justus Franz Wittkop [218]

BEBEL / Helmut Hirsch [196]

BISMARCK / Wilhelm Mommsen [122]

CAESAR / Hans Oppermann [135]

CHURCHILL / Sebastian Haffner [129]

FRIEDRICH II. / Georg Holmsten [159]

FRIEDRICH II. VON HOHENSTAUFEN / Herbert Nette [222]

CHE GUEVARA / Elmar May [207]

GUTENBERG / Helmut Presser [134]

HO TSCHI MINH / Reinhold Neumann-Hoditz [182]

W. VON HUMBOLDT / Peter Berglar [161]

KARL DER GROSSE / Wolfgang Braunfels [187]

LASSALLE / Gösta v. Uexküll [212]

LENIN / Hermann Weber [168]
LUXEMBURG / Helmut Hirsch [158]
MAO TSE-TUNG / Tilemann Grimm [141]
NAPOLEON / André Maurois [112]
RATHENAU / Harry Wilde [180]
SCHUMACHER / H. G. Ritzel [184]
STALIN / Maximilien Rubel [224]
FREIHERR VOM STEIN / Georg Holmsten [227]
THÄLMANN / Hannes Heer [230]
TITO / Gottfried Prunkl u. Axel Rühle [199]
TROTZKI / Harry Wilde [157]

PÄDAGOGIK

PESTALOZZI / Max Liedtke [138]

NATURWISSENSCHAFT

DARWIN / Johannes Hemleben [137]
EINSTEIN / Johannes Wickert [162]
GALILEI / Johannes Hemleben [156]
OTTO HAHN / Ernst H. Berninger [204]
A. VON HUMBOLDT / Adolf Meyer-Abich [131]
MAX PLANCK / Armin Hermann [198]

MEDIZIN

ALFRED ADLER / Josef Rattner [189]
FREUD / Octave Mannoni [178]
C. G. JUNG / Gerhard Wehr [152]
PARACELSUS / Ernst Kaiser [149]

KUNST

DÜRER / Franz Winzinger [177]
MAX ERNST / Lothar Fischer [151]
KLEE / Carola Giedion-Welcker [52]

LEONARDO DA VINCI / Kenneth Clark [153]
MICHELANGELO / Heinrich Koch [124]
PICASSO / Wilfried Wiegand [205]

MUSIK

BACH / Luc-André Marcel [83]
BARTÓK / Everett Helm [107]
BEETHOVEN / F. Zobeley [103]
ALBAN BERG / Volker Scherliess [225]
BRAHMS / Hans A. Neunzig [197]
BRUCKNER / Karl Grebe [190]
CHOPIN / Camille Bourniquel [25]
DVOŘÁK / Kurt Honolka [220]
HÄNDEL / Richard Friedenthal [36]
HAYDN / Pierre Barbaud [49]
LISZT / Everett Helm [185]
MAHLER / Wolfgang Schreiber [181]
MENDELSSOHN BARTHOLDY / Hans Christoph Worbs [215]
MOZART / Aloys Greither [77]
OFFENBACH / Walter Jacob [155]
REGER / Helmut Wirth [206]
SCHÖNBERG / Eberhard Freitag [202]
SCHUBERT / Marcel Schneider [19]
SCHUMANN / André Boucourechliev [6]
R. STRAUSS / Walter Deppisch [146]
STRAWINSKY / Robert Siohan [43]
TELEMANN / Karl Grebe [170]
VERDI / Hans Kühner [64]
WAGNER / Hans Mayer [29]
WEBERN / Hanspeter Krellmann [229]

THEATER / FILM

CHAPLIN / Wolfram Tichy [219]
PISCATOR / Heinrich Goertz [221]
MAX REINHARDT / Leonhard M. Fiedler [228]

das neue buch
rowohlt

Herausgegeben von Jürgen Manthey

Programmschwerpunkte: zeitgenössische Literatur vorwiegend jüngerer deutscher und ausländischer Autoren / Beiträge zu einer materialistischen Ästhetik / Beispiele gesellschaftskritischer Dokumentaristik / Entwürfe für eine neue, unspekulative Anthropologie / Medientheorie und Kommunikationsforschung / Kritik der «amerikanischen Ideologie»